나의 습관이
나의 영성이다

"주께서 이르시되,
지혜 있고 진실한 청지기가 되어,
주인에게 그 집 종들을 맡아
때를 따라 양식을 나누어 줄 자가 누구냐?"

(눅 12 : 42)

_____ 님께

20   년   월   일

드림
_____

청 지 기
영성훈련
특   강

나의 습관이
나의 영성이다

최재호 지음

청지기 영성 훈련은 업적이나 실적을 남기기 위한 훈련이 아니다. 하나님 앞에서 자신을 살피고, 각자의 삶의 영역에서 하나님의 뜻을 이루어 가는 성숙한 사람으로 준비시키는 훈련이다.

My Habits are My Spirituality

창조 세계 속에서 하나님의 부르심에 지혜롭고 충성스럽게 응답하며 살아가는 실천적 삶의 원리를 설명한 영성 훈련서

healing books

추천사

김진홍 목사

"글은 인격이다"라는 말이 있습니다. 어떤 글이든 글에는 그 글을 쓴 사람의 인격이 담기겠기에 이르는 말일 것입니다. 최재호 박사가 쓴 글을 읽으면서 저자의 인격이 고상하고 깊이가 있음을 느낄 수 있었습니다. 그의 책은 목회자들은 물론이려니와 평신도들도 꼭 읽어야 할 내용을 담고 있기에 기쁨으로 추천하는 바입니다. 최재호 박사는 경건과 학문을 겸비한 목회자입니다. 다른 무엇보다 최재호 박사는 제대로 공부한 일꾼입니다. 총신대학교 신학대학원을 졸업한 후 미국 칼빈 신학대학원에서 석사 과정을 마치고 웨스트민스터 신학대학원에서 기독교 변증학으로 박사 학위를 받았습니다. 그리고 미국에서 수년간 목회를 성공적으로 하다가 지금은 대구중앙교회에서 담임목사로 시무하고 있습니다. 최재호 박사는 경건과 학문을 겸한 인재인데다 목양에 대한 투철한 사명감을 지닌 훌륭한 목회자입니다.

이번에 최재호 박사가 〈청지기 영성 훈련 특강〉이란 주제의 책을 3권의 시리즈로 출간하게 되었습니다. 책이 출간되기 전 원고를 먼저 읽을 수 있는 기회가 주어져 정독하면서 나 자신이 큰 공부가 되었습니다. 특히 1권의 주제인 〈나의 습관이 나의 영성이다〉라는 글에서 한국교회가 꼭 필요한 영성을 연마하기 위하여는 영성 훈련이 내면화되고 습관이 되어 체질이 바뀌어야 함을 강조하고 있습니다. 지당한 말입니다. 우리는 평소에 영성을 강조하면서도 그 영성을 온몸으로 익히는 데에 너무나 게으릅니다. 그래서 영성을 구호로만 외칠 뿐 체질화하여 우리들의 삶을 변화시키지

추 천 사

를 못합니다. 이번에 출간되는 최 박사의 영성 시리즈 3권은 이점에서 한국교회에 큰 기여를 할 수 있는 내용을 갖추고 있습니다.

그리고 2권에서 주제로 다루고 있는 〈기독교적인 세계관〉의 문제는 목회현장에서나 신도들의 사회생활에 아주 중요한 내용입니다. 그간에 한국교회의 신학자들과 목회자들은 믿음을 강조하다 보니 그 믿음의 기초가 되는 세계관의 문제를 소홀히 하였습니다. 그런 터에 기독교적 세계관을 목회현장에서 적용하려는 최재호 박사의 노력이 크게 돋보입니다. 세계관의 문제는 저자가 지적하고 있는 바처럼 전쟁입니다. 영과 육의 전쟁이요, 세속적인 세계관과 성경적인 세계관과의 전쟁입니다. 이 전쟁에서 승리하는 것은 한국교회의 미래가 걸려 있는 중요한 문제입니다. 최재호 박사의 이 글이 한국교회 전체가 세계관 전쟁에서 승리할 수 있는 동력을 제공할 수 있기 바라며 추천의 글에 대신합니다.

2016년 5월
두레수도원 김진홍 목사

추천사

김장환 목사

목회현장은 신학이 뒷받침되어야 견실합니다.
신학은 목회현장에 적용되어야 풍요롭습니다.
제가 만난 최재호 목사님은 목회와 신학의 조화를 이룬 분입니다. 대구성일교회와 대신대학교에서 맺고 있는 풍성한 열매가 그 증거입니다.

성경적 세계관을 목회현장에 적용하고 영성과 통합하기 위한 최 목사님의 오랜 노력이 '청지기영성훈련특강' 시리즈로 결실을 맺었습니다.
우리는 이 특강들을 통해 나의 습관이 곧 나의 영성임을 깨닫고 우리 마음을 하나님의 말씀으로 채우기 위한 간절한 기도를 시작하게 될 것입니다.
소비자 중심적 쾌락주의에 빠진 악하고 음란한 세대에 맞서 오직 주님만을 바라보는 행복한 청지기의 삶을 회복하게 될 것입니다.

이 책을 읽는 모든 분들의 마음이 말씀과 기도로 치유되어 예수 그리스도를 온전히 뒤따르는 제자가 되기를 바라며 기쁜 마음으로 이 책을 추천합니다.

2016년 5월
극동방송 이사장 김장환 목사

머리말

"예수께서 제자들을 불러다가 이르시되, 이방인의 집권자들이 그들을 임의로 주관하고, 그 고관들이 그들에게 권세를 부리는 줄을 너희가 알거니와, 26) 너희 중에는 그렇지 않아야 하나니, 너희 중에 누구든지 크고자 하는 자는 너희를 섬기는 자가 되고, 27) 너희 중에 누구든지 으뜸이 되고자 하는 자는 너희의 종이 되어야 하리라. 28) 인자가 온 것은 섬김을 받으려 함이 아니라 도리어 섬기려 하고, 자기 목숨을 많은 사람의 대속물로 주려 함이니라."(마 20:25-28)

이 말씀 속에서 예수님은 자신이 이 땅에 오신 복음의 핵심을 압축적으로 설명하실 뿐만 아니라, 사람들의 삶을 이끌어가는 두 가지 본성(혹은, 영성)을 대조적으로 비교하면서 설명하신다. 하나는 이방인들의 타락한 영성이요, 다른 하나는 예수 그리스도 안에서 거듭난 영성이다.

이방인들의 타락한 영성은 다른 사람들 위에 군림하고, 자기를 높이고, 자기를 자랑하고자 하는 본성을 따라 살아가는 삶이다. 자기 자신을 모든 관계의 중심에 두고 자기의 힘과 영향력을 과시하고, 자신의 명예와 성공을 추구하는 삶이다. 경쟁에서 이기고 다른 사람 위에 군림하여 자신이 유명해지기를 바라는 것은 타락한 아담에게서 물려받은 인류 보편적인 본성이다. 아담은 하나님과 같이 되려는 마음에서 하나님께서 금지하신 명령을 어기고 선악을 알게 하는 나무의 열매를 따먹었다. 타락한 아담의 본성을 물려받은 인류는 다른 사람보다 자신을 더 높이려는 보편적인 본성을 가지고 살아간다. 예수님이 이방인들의 집권자들이 살아가는 모습이라고 말하는 타락한 본성을 가지고 살아가는 사람들의 삶의 특징은 군림과 자기과시이다. 모든 일에 다른 사람들과 경쟁해서 이기지 못하면 패배자요, 실패한 인생이라고 생각한다.

예수 그리스도 안에서 거듭난 영성은 자신을 드러내고, 다른 사람들 위에 군림하여 다스리려는 본성을 따라 살아가는 삶이 아니라, 예수 그리스도의 성품을 닮아 가는 삶이다. 예수님의 성품은 하나님과 같이 되려고 하나님의 계명을 무시하고, 하나님께 불순종하여 타락한 아담의 본성이 창조 시의 원래의 모습으로 회복된 것으로써, 하나님의 뜻에 철저하게 순종하는 것이다. 예수 그리스도의 성품을 따라가는 삶은 자기를 낮추고, 하나님의 쿠르심에 적극적으로 반응하며 순종하는 삶이다. 예수 그리스도 안에서 거듭난 영성이 이끌어가는 삶의 특징은 군림과 자기과시가 아니라, 섬김과 희생이다. 그래서 예수님은 제자들에게 자기를 과시하고 으뜸이

머리말

되려고 하지 말고, 자신을 낮추고 겸손하게 섬기는 자가 되어야 한다고 말씀하신 것이다.

청지기 영성 훈련은 자신의 성공과 업적을 추구하고, 야망에 충실한 본성을 자극하고 격려하는 훈련이 아니라, 자신의 업적보다는 하나님의 나라를 구하고, 자신의 명예보다는 하나님의 영광을 추구하며, 하나님의 뜻에 적극적으로 순종하는 내적인 성품을 갖추도록 훈련하는 것이다. 자신의 성공을 추구하는 아담의 타락한 본성이 아니라, 섬기러 오신 예수 그리스도의 성품을 닮아가도록 준비시키는 훈련이다.

청지기로 살아가는 사람의 임무는 자신의 명예와 야망을 추구하기보다는, 우리를 창조하시고 구원하신 하나님의 뜻을 따라 "하나님을 사랑하고, 이웃을 사랑하라."는 하나님의 명령을 자신의 삶 속에서 끊임없이 실천하려고 노력하는 것이다.

따라서 청지기 영성 훈련은 업적이나 실적을 남기기 위한 훈련이 아니다. 하나님 앞에서 자신을 살피고, 하나님의 뜻을 이루어 가는 성숙한 사람으로 준비시키는 훈련이다. 자신을 내세우지 않고,

하나님의 뜻을 따라 자신에게 주어진 사명을 성실하게 감당할 줄 아는 하나님 나라의 성숙한 일꾼을 양육하는 훈련이다.

성경적 세계관의 관점에서 청지기적 사명을 실천하는 영성 훈련의 원리를 세 부분으로 나누어서, 세 권의 책으로 구성하였다. 제1권, 〈나의 습관이 나의 영성이다〉에서는 창조 세계 속에서 하나님의 부르심에 지혜롭고 충성스럽게 응답하며 살아가는 실천적 삶의 원리를 설명하였다. 제2권, 〈믿음은 세계관의 전쟁이다〉에서는 하나님을 잊어버린 타락한 가치관이 지배하는 세상에서 성경적 세계관을 적용하고, 실천하며 살아가는 청지기적 삶의 체계를 설명하였다. 제3권, 〈마음의 상처를 치유하라〉에서는 우리가 이 세상에 살아가면서 여러 가지 갈등과 아픔과 마음의 상처를 경험할 수밖에 없는 구조적인 상황을 설명하였다. 그리고 창세기에 기록된 야곱의 가정에서 일어난 여러 가지 갈등과 아픔과 상처들이 치유되는 과정을 관찰함으로써 우리의 마음에 쌓인 상처를 치료하는 내적 치유과정과 방법을 설명하였다.

Contents

목차

Chapter One
하나님의 부르심에 응답하라 19

청지기로 부르셨다 22
청지기는 맡아서 관리하는 사람이다 25
맡은 것을 반납하기 전에 충분히 활용하라 29

Chapter Two
우리는 청지기로 부름을 받았다 33

청지기의 존재 원리 36
청지기의 사명 39
하나님의 평가 45
하나님의 약속 48
하나님이 약속하신 상급을 기대하라 55

Chapter Three
영성 훈련은 부르심에 대한 반응 훈련이다 63

영성의 정의 66
영성 훈련의 목적 72
영성 훈련의 실천적 방법 76
영성 훈련은 반응 훈련이다 80

Chapter Four
나의 습관이 나의 영성이다 83

잘못된 영성은 인생을 허비한다 85
잘못된 영성은 잘못된 습관을 만든다 90
습관을 리모델링하라 94
습관은 훈련으로 만들어진다 97
나의 습관이 나의 영성이다 103

Chapter Five
몸은 영성을 담는 그릇이다 109

영성 훈련의 근본 기초는 건강이다 111
건강 관리는 영적 순종의 문제이다 116
몸을 거룩한 산 제사로 드리라 120
몸의 제사장이 되라 124
몸으로 하나님께 영광을 돌리라 129

Chapter Six
식탐과 게으름을 극복하라 133

음식은 영성 훈련의 첫 번째 장애물이다 138
- 식탐과 전쟁은 평생 지속된다 140
- 식탐은 영혼을 무디어지게 한다 141
- 식탐은 인생을 낭비하게 만든다 144
- 배고픔을 이기면 영성의 고수가 될 수 있다 147
- 과식의 습관을 고쳐라 149
게으름은 영성 훈련의 두 번째 장애물이다 149
- 게으름은 영성을 질식시킨다 150
- 꾸준한 운동이 게으름을 극복하는 출발이다 153
- 운동시간을 영적으로 활용하라 155
- 게으른 습관을 벗어버려라 158
몸을 맡은 청지기이다 160

Chapter Seven
마음의 습관을 새롭게 하라 163

마음을 새롭게 하라 167
마음을 새롭게 변화시키는 주체는 성령이다 173
성령으로 거듭나야 삶이 바뀐다 176
그래도 기도해야 한다 182

Chapter Eight
시간을 지혜롭게 활용하라 186

방향을 바로 잡으라 191
습관을 단순하게 하라 195
우선순위를 재조정하라 198
사명에 집중하라 202
남은 시간을 지혜롭게 활용하라 206
작전타임을 활용하라 209

Chapter Nine
부르심에 응답하려면 돈을 다스리라 215

돈과 영성은 분리될 수 없다 218
물질만능주의의 유혹에 빠지지 말라 221
돈을 다스리라 224
드림은 하나님을 향한 사랑의 표현이다 226
나눔은 이웃 사랑의 실천이다 231
물질적인 복은 답안지가 아니라 시험지이다 236

Chapter Ten
영성이 회복되어야 삶이 회복된다 239

영성의 핵심은 결정권의 문제이다 241
아버지에게서 결정권을 쟁취함 244
아버지에게 결정권을 전적으로 위임함 246
아버지가 결정권을 행사함 250
결정권을 하나님께 위임하라 251

청 지 기
영성훈련
특   강

Chapter One

1
하나님의 부르심에 응답하라

청지기로 부르셨다

청지기는 맡아서 관리하는 사람이다

맡은 것을 반납하기 전에 충분히 활용하라

하나님의 부르심에
응답하라

1

왜 청지기 영성 훈련이 필요한가? 이유는 간단하다. 주님께서 지혜롭고 진실한 청지기를 찾고 계시기 때문이다:

"주께서 이르시되, 지혜 있고 진실한 청지기가 되어, 주인에게 그 집 종들을 맡아 때를 따라 양식을 나누어 줄 자가 누구냐?"(눅 12:42)

지혜롭고 진실한 청지기는 자신의 모든 삶에서 하나님을 중심에 모시고 살아가는 사람이다. 자신이 하루하루 살아가는 생활습관을 일과표로 적어보라. 하나님이 실제로 자신의 삶에서 중심을 차지하고 있는가? 하나님이 하루의 일과표 속에서 행동의 중심이 되도록 실천하자. 다시 말하면, 하나님 중심적인 믿음을 생활로 실천하자. 이것이 이 책에서 말하고자 하는 핵심이다.

청지기 Stewardship 라는 직책은 다른 사람의 물건을 맡아서, 맡긴 사람의 의도와 계획에 맞게 잘 관리하는 관리책임자이다. 어떤 사람이 출장이나 휴가를 떠나 있는 동안 그 사람의 집이나 가게를 대신 관리해 본 경험이 있는가? 다른 사람의 것을 맡아서 관리하는 동안에 무엇을 어떻게 해야 되겠는가? 다른 사람의 것을 대신해서 관리하고 있기 때문에, 내 마음대로, 내 계획대로, 내 생각대로 함부로 처분할 수는 없을 것이다. 나에게 맡긴 사람이 원하는 것이 무엇인지를 헤아려서, 그 사람이 원하는 대로 잘 관리해서 넘겨주는 것이 지혜로운 행동일 것이다. 만약 당신이 어떤 사람에게 노후자금을 관리하도록 맡겼다면, 어떻게 해주기를 바라겠는가? 청지기는 주인이 아니라, 주인의 뜻대로 맡은 것들을 지혜롭게 잘 관리하는 사람이다.

주인의 것을 맡아서 관리하는 사람은 기본적으로 섬기는 사람이다. 누가복음 12장 42절에서 말씀하는 지혜로운 청지기의 본질적인 역할은 섬기는 것이다. 주인의 뜻도에 맡게 종들을 잘 관리함으로써 주인을 섬기고, 종들에게 때를 따라 양식을 나누어 줌으로써 종들을 섬기는 사람이다. 섬기는 자로서의 청지기의 역할을 주일학교의 교사에 적용해 보면, 주일학교 교사는 아이들을 맡아서 하나님의 말씀으로 가르치고, 양육하는 직책이다. 누가복음 12장에서 말씀하는 지혜로운 청지기의 역할과 구조상 똑같다. 아이들을 가르치는 자로 세움을 받은 청지기는 두 가지 면에서 섬기는 사람이 되어야 한다. 위로는, 하나님의 말씀을 아이들에게 잘 가르침으로써 교사로 세우신 하나님을 섬겨야 한다. 아래로는, 하나님의 말씀으로 아이들을 잘 양육함으로써 자신에게 맡겨진 아이들을 섬겨야 한다. 아이들을 가르치는 일을 맡았든지 건물을 관리하는 일을 맡았든지 관계없이, 청지기로 부름을 받은 사람의 기본적인 역할은 자신에게 맡겨진 일을 통하여 지혜롭게 섬기는 것이다.

지혜롭고 진실한 청지기가 되기 위해서는 적어도 3가지 요소가 필요하다. 첫째는 주인의 계획과 의도를 정확하게 알아야 한다. 둘째는 자기에게 맡겨진 사명이 무엇인지 정확하게 파악해야 한다. 셋째는 자기가 맡은 것을 어떻게 주인의 의도에 맞게 잘 관리해야 할지에 대한 실천적 지혜가 있어야 한다. 이렇게 본다면, 청지기 영성 훈련은 '주인의 부르심에 대한 지혜로운 반응훈련'이다.

청지기로 부르셨다

하나님은 우리를 하나님의 형상대로 창조하시고, 청지기로 부르셨다. 아담의 창조로부터 예수 그리스도께서 다시 오실 때 이루어지는 새 하늘과 새 땅에 이르기까지, 역사의 전체 진행과정에서, 우리의 변함없는 신분과 직책은 이 땅에서 하나님의 뜻을 이루어 가는 하나님의 청지기이다. 이 세상의 모든 것의 주인은 창조자 하나님이시다. 하나님께서 우주 만물을 창조하셨기 때문에 인간을 포함한 이 세상의 모든 존재에 대한 소유권은 하나님께 있다. 하나님은 이 세상을 창조하셨을 뿐만 아니라, 이 세상의 모든 것을 다스리신다. 창조자 하나님의 다스리심을 섭리 Providence 라고 표현한다. 하나님은 창조자로서 역사의 전체 흐름을 다스리실 뿐만 아니라, 개개의 사건까지도 모두 다스리신다. 모든 피조물은 하나님의 섭리라는 통치 영역 안에서 존재한다.

하나님께서 인간을 하나님의 형상대로 지으신 가장 중요한 이유는 이 땅에서 하나님의 대리자로 세우기 위해서이다. 하나님의 뜻을 수행할 수 있는 대리자의 사명을 맡기려고, 하나님과 교제할 수 있는 하나님의 형상대로 인간을 창조하신 것이다. 우리는 이 땅에서 하나님의 대리자로 존재하며, 하나님과 지속적으로 교제하면서 살아가도록 지음을 받았다.

우리는 하나님의 주권적 부르심에 의하여 이 땅을 지키고, 돌보고, 경작하는 청지기적 사명을 받았다. 하나님은 창조세계가 가진 잠재력을 최대로 드러나게 하기 위해서 하나님의 형상대로 지음을 받은 우리에게 재능을 주시고, 지혜를 주셨다. 우리는 하나님께서 주신 재능과 지혜를 활용하여 하나님이 창조세계 가운데 심어주신 잠재력을 최대로 드러나게 하는 역할을 부여 받았다. 이런 면에서 우리가 이 땅을 지키고, 돌보고, 경작하는 일들은 궁극적으로 하나님의 뜻을 이루어가는 하나님의 일이다. 청지기는 하나님의 대리자로서 하나님의 일에 참여하는 사람이다.

피조물이 창조자 하나님의 일을 수행하는 대리자로 부름을 받았다는 것은 대단한 영광과 특권이 아닐 수 없다. 하나님께서 우리를 청지기로 부르신 것은 우리에게 일을 시키기 위해서 종으로 부르신 것이 아니다. 우리를 청지기로 부르신 근본적인 의도는 하나님의 영광에 참여시키기 위한 것이다. 이런 하나님의 마음을

예수님은 마태복음 20장에서 포도원 품꾼들 비유를 통해서 잘
설명하셨다. 천국은 마치 품꾼을 불러서 포도원에 들여보내려고
이른 아침에 집을 나간 주인에 비유하신다. 주인은 하루 품삯으로
한 데나리온씩 주기로 약속하고 아침에 일꾼들을 불러서 포도원에
가서 일을 하도록 했다. 점심때 장터에 가보니까, 아직까지 일거리가
없어서 놀고 있는 사람들을 발견하고, 그들도 포도원에 가서 일을
하도록 했다. 해가 질 무렵에 거리에 나가 보니, 그 때도 일거리가
없어서 종일토록 놀고 있는 사람들을 발견했다. 주인은 일할 시간이
한 시간 정도밖에 남지 않았지만, 그들도 포도원에 가서 일을 하라고
했다. 그리고 하루 일과가 끝난 다음에 일꾼들에게 품삯을 주는
시간이 되었다. 주인은 한 시간 일한 사람들에게도, 반나절 일한
사람에게도 하루 품삯인 한 데나리온을 주었다. 이 장면에서 우리는
한 가지 질문에 답변을 하고 넘어가야 한다. 주인이 점심 때와 저녁
때에 장터로 나가서 일꾼들을 불러서 포도원에 가서 일을 하라고
시킨 의도가 무엇이겠는가? 일을 시키기 위한 것이겠는가? 아니면
일거리가 없어서 놀고 있는 사람들에게 명분을 만들어서 품삯을
주기 위한 것이겠는가? 일을 시키기 위한 목적이었다면, 점심
때와 저녁 때 일을 시작한 사람들에게 하루 품삯인 한 데나리온을
주는 것은 대단히 어리석은 행동일 수밖에 없다. 그러나 주인은
한 시간 일한 사람에게도 기쁨으로 하루 품삯인 한 데나리온을
주었다. 주인이 품꾼들에게 일을 시킨 근본적인 의도는 그들에게
품삯을 주기 위한 것이었다. 하나님이 우리를 그의 대리자로 부르신
목적도 이와 마찬가지이다. 우리에게 일을 시키기 위해서, 우리를

하나님의 종으로 브르신 것이 아니다. 만물의 주인이신 하나님께서 우리를 하나님 나라에서 누릴 영광에 참여시키기 위해서 청지기로 부르시고, 세우신 것이다.

청지기는 맡아서 관리하는 사람이다

우리가 가지고 있는 소유나, 관리하고 있는 물건들이 나의 것이 아니라, 하나님의 것이라는 사실을 깨닫는 순간, 우리는 그것에 대해서 대단한 책임감을 느낄 수밖에 없다. 우리가 하나님의 청지기로 부름을 받았다면, 하나님의 것이 무엇인지를 정확하게 파악해야 한다. 그래야 하나님의 것을 하나님의 뜻에 맞게 잘 관리할 수 있다. 간단히 말하면, 우리가 이 땅에서 보고, 만지고, 소유하고, 즐기고, 경험하는 모든 것이 하나님의 것이다. "땅과 거기에 충만한 것과 세계와 그 가운데에 사는 자들은 다 여호와의 것이로다."(시 24:1) 이 사실을 인정한다면, 우리는 우리의 삶에 대해서, 소유에 대해서 어떤 자세를 가져야 할 지를 깊이 생각해야 한다. 이런 면에서 청지기에 요구되는 가장 중요한 성품은 지혜와 진실함이다. 청지기는 주인으로부터 맡은 것이 무엇인지 정확하게 파악해야 한다. 청지기의 사명은 자기에게 맡겨진 가족들과 식솔들에게 때를 따라 양식을 나누어 주는 것이다. 자기 것으로 주는 것이 아니다. 하나님의 것으로 때를 따라 필요한 것은 적절하게 나누어 주면 된다. 간단히 말하면, 청지기는 하나님의 것으로 하나님의 일을 하는 사람이다.

　　하나님의 것으로 하나님의 일을 한다는 것은 생각만 해도 신나고 즐거운 일이다. 하나님의 것으로 하나님의 일을 하는 마음의 기쁨을 이스라엘 왕 다윗은 이렇게 고백한다.

　　"부와 귀가 주께로 말미암고, 또 주는 만물의 주재가 되사, 손에 권세와 능력이 있사오니, 모든 사람을 크게 하심과 강하게 하심이 주의 손에 있나이다. 13) 우리 하나님이여, 이제 우리가 주께 감사하오며, 주의 영화로운 이름을 찬양하나이다. 14) 나와 내 백성이 무엇이기에 이처럼 즐거운 마음으로 드릴 힘이 있었나이까? 모든 것이 주께로 말미암았사오니, 우리가 주의 손에서 받은 것으로 주께 드렸을 뿐이니이다."(대상 29:12-14)

　　다윗 왕과 이스라엘 백성들은 하나님의 성전을 건축하기 위해서 여러 가지 헌물을 드렸다. 그들은 하나님께 드리면서, 자원하여, 기꺼이, 진심으로 하나님께 드렸다고 고백한다. 그리고 그것은 정말 그들의 즐거움이라고 고백하면서 하나님께 찬양을 드린다. 다윗은 자신과 백성들이 즐거운 마음으로 기꺼이 드릴 수 있는 것은 하늘에 있는 것이나, 땅에 있는 모든 것이 하나님의 것이라는 사실을 깨달았기 때문이라고 고백한다. 이와 같이 우리가 가진 모든 것의 소유권이 누구에게 있는 지를 정확하게 깨달을 때, 우리의 마음 자세와 행동 방향을 올바르게 정할 수 있다.

우리가 하나님의 청지기로 부름을 받았다면, 우리가 살아가는 인생의 의미도 하나님께서 주시는 것이다. 하나님의 청지기로 부름을 받았기 때문에, 우리가 행하는 모든 일도 하나님의 평가를 받게 될 것이다. 우리의 행동에 대한 하나님의 평가가 우리의 영원을 결정한다. 이런 면에서 우리 인생의 영원하고도 궁극적인 의미는 하나님께로부터 받는 것이다. 하나님의 평가에 대한 내용은 마태복음 25장에 기록된 달란트 비유에서 잘 설명하고 있다. 주인은 각자의 재능에 따라, 어떤 사람에게는 다섯 달란트, 어떤 사람에게는 두 달란트, 어떤 사람에게는 한 달란트를 맡기고 먼 나라로 여행을 떠났다. 나중에 주인이 돌아와서 그들이 행한 일을 결산할 때, 주인의 뜻에 맞게 열심히 노력하고 지혜롭게 활용한 다섯 달란트와 두 달란트 받은 자들의 행동에 대해 주인은 이렇게 평가했다.

"그 주인이 이르되 잘하였도다. 착하고 충성된 종아 네가 적은 일에 충성하였으매, 내가 많은 것을 네게 맡기리니, 네 주인의 즐거움에 참여할지어다."(마25:21, 23)

그런데 한 달란트 받은 자는 주인의 뜻보다는 자기의 안전을 먼저 생각하여, 자기의 생각대로 행동했다. 그래서 맡은 달란트를 활용하지 않고, 땅에 묻어 두었다. 주인의 뜻을 제대로 깨닫지 못하고, 자기 생각대로 게으르게 행동한 종에게 내린 주인의 평가는 다음과 같다:

"이 무익한 종을 바깥 어두운 데로 내쫓으라. 거기서 슬피 울며 이를 갈리라 하니라."(마 25:30)

청지기가 누리게 될 인생의 궁극적 의미는 하나님의 평가에 의해서 결정된다. 이 땅에서 청지기로 부름을 받은 모든 사람들의 궁극적 목표는 하나님의 즐거움에 참여하는 것이다: "네 주인의 즐거움에 참여할지어다." 하나님의 즐거움에 참여하는 것이 우리가 살아가는 삶의 목적이 되어야 한다.

우리가 하나님의 즐거움에 참여한다는 것은 하나님의 영원한 영광에 참여한다는 것이다. 하나님께서 우리를 청지기로 부르신 것은 일을 시키기 위한 것이 아니라, 하나님의 나라에서 누리게 될 영원한 영광에 참여시키기 위해서이다. 이 땅에서 우리가 하나님의 영광을 위해서 일한다는 것은 하나님만의 영광을 위해서 일하는 것이 아니라, 우리가 하나님의 영광에 참여하고, 그 영광을 함께 누릴 수 있는 정당한 명분을 획득하는 과정이다. 그래서 바울 사도는 이렇게 권면한다: "그런즉 너희가 먹든지 마시든지 무엇을 하든지, 다 하나님의 영광을 위하여 하라."(고전 10:31) 우리가 추구하는 하나님의 영광은 하나님만의 영광이 아니라, 우리가 하나님과 함께 누리게 될 영광이다. 이런 맥락에서, '그런즉 너희는 먼저 그의 나라와 그의 의를 구하라. 그리하면 이 모든 것을 너희에게 더하시리라.'(마 6:33)는 예수님의 말씀을 이해해야 한다.

청지기로 부름을 받은 우리가 하나님의 마음을 기쁘시게 하기 위해서는 많은 연습과 훈련이 필요하다. 그 과정에는 수많은 시행착오도 있을 수 있다. 우리가 하나님의 마음을 기쁘시게 하는 청지기로 살아가기 위해서는 지속적으로 하나님의 뜻을 묻고, 실천하는 노력이 필요하다. 성경에 기록된 아브라함과 이삭과 야곱과 요셉과 모세와 같은 사람들도 이런 시행착오와 반복되는 훈련을 통해서 하나님의 위대한 일꾼들로 세워졌다.

청지기 영성 훈련은 하나님의 부르심에 대한 지혜롭고 진실한 반응훈련이다. 마태복음 25장에 기록된 달란트 비유에서처럼 하나님은 우리를 부르고, 각자의 능력에 맞게 달란트를 맡기셨다. 하나님의 부르심에 어떻게 반응해야 하는지는 우리의 판단과 결정에 달려 있다. 하나님의 뜻을 바로 알고 지혜롭고 진실하게 반응하면, 하나님의 영원한 즐거움에 참여하게 될 것이다. 그러나 하나님의 뜻을 제대로 파악하지 못하고, 자기 생각대로 어리석게 반응하면, 영원한 고통 가운데로 쫓겨나게 될 것이다. 하나님의 부르심에 지혜롭게 반응하는 것은 하루아침에 되는 것이 아니라, 수많은 시행착오를 통한 지속적인 훈련으로 이루어지는 것이다.

맡은 것을 반납하기 전에 충분히 활용하라

청지기로 부름을 받은 사람은 지혜롭게 활용하라고 하나님의 것을 맡은 사람이다. 내가 맡은 것을 영원히 가지고 있는 것이 아니다. 때가 되면, 평가를 받고, 반납해야 한다. 청지기의 지혜로운 행동 첫 번째는, 하나님께서 맡겨 주신 것을 반납하기 전에 충분히 활용하는 것이다. 하나님께서 맡겨 주신 것을 제대로 활용해 보지도 못하고 그냥 반납하게 된다면 이 얼마나 어리석은 행동인가? 한 달란트 받은 자가 어리석은 이유가 바로 여기에 있다. 한 번도 활용해 보지 못하고 모든 것을 빼앗기듯이 다 반납해 버렸다는 것이다. 우리의 생명과 건강과 시간과 재물을 포함한 모든 것은 하나님께서 맡기신 것이다.

이것들을 하나님의 뜻에 맞게 지혜롭게, 그리고 진실하게 활용하는 것이 우리에게 주어진 책임이요, 사명이다.

반납하기 전에 충분히 활용하라. 제대로 써보지도 못하고 반납하면 얼마나 아쉽겠는가? 어떤 물건이든지 잘 활용하기 위해서는 그것이 가지고 있는 기능을 잘 알아야 한다. 휴대폰을 새것으로 바꾸었다면, 그것을 잘 활용하기 위해서는 새로운 기능을 배우고 익혀야 한다. 어떤 운동을 즐기기 위해서는 연습이 필요하다. 예를 들면, 탁구나 테니스를 즐기기 위해서는 공이 날아오는 방향과 속도에 맞게 몸이 빨리 반응해야 한다. 몸이 늦게 반응하면, 내가 공을 넘기려는 행동을 하기도 전에 공은 벌써 지나가고 없다. 그러면 끊임없이 헛손질을 할 수밖에 없다. 공의 방향과 속도에 맞게 몸이 재빠르게 반응할 수 있도록 순발력을 키우는 것이 연습과 훈련의 목적이다. 청지기 영성 훈련도 마찬가지이다.

하나님의 부르심에 지혜롭고 진실하게 반응할 수 있는 영적 순발력을 키우는 것이 청지기 영성 훈련의 목적이다. 하나님의 부르심에 한 달란트 받은 자가 아니라, 다섯 달란트, 두 달란트 받은 자처럼 지혜롭고 진실하게 반응하도록 영적 순발력을 증진시키는 것이 청지기 영성 훈련이다. 어차피 때가 되면 반납할 인생이라면, 잘 훈련해서, 맡은 것들을 즐겁게 충분히 활용하고 반납하는 것이 지혜로운 청지기가 아니겠는가?

되새김질을 위한 질문

1. 청지기(Stewardship)는 무엇을 어떻게 하는 사람인지를 간단히 정리해 봅시다.

2. 지혜롭고 진실한 청지기에게 기본적으로 요구되는 3가지 요소는 무엇입니까?

3. 하나님께서 인간을 하나님의 형상대로 창조하신 가장 중요한 이유는 무엇이라고 생각하십니까?

4. 우리를 청지기로 부르신 하나님의 근본적인 의도는 무엇이라고 생각하십니까?

5. 청지기로 부름을 받은 모든 사람들의 궁극적 목표는 무엇이어야 한다고 생각하십니까?

6. 여행을 위해서 렌터카를 3일 동안 빌렸습니다. 반납하기 전에 어떻게 사용하는 것이 지혜로운 활용이라고 생각하십니까?

7. 청지기 영성 훈련의 목적은 무엇인지 간단히 정리해 봅시다.

청 지 기
영성훈련
특 강

Chapter Two

2
우리는 청지기로 부름을 받았다

청지기의 존재 원리

청지기의 사명

하나님의 평가

하나님의 약속

하나님이 약속하신 상급을 기대하라

우리는 청지기로
부름을 받았다

2

　청지기적 사명감은 우리를 창조하시고 부르신 창조자 하나님에 대한 올바른 인식에서 나오는 반응이다. 우리를 창조하시고 부르신 전능하신 하나님께 대한 경외심이 없다면, 청지기로서의 사명감을 가지는 것은 불가능하다. 창조자 하나님께 올바르게 반응하기 위해서는 하나님과의 관계성 속에서 인간이 어떤 존재인지를 알아야 한다. 인간 존재에 대한 정확한 인식이 없다면, 우리를 창조하시고 부르신 하나님께 대한 경외심과 충성심도 있을 수 없다. 청지기의 진실한 삶은 창조자 하나님을 알고, 하나님의 창조질서 안에 존재하는 피조물로서의 인간을 바로 알 때 가능하다.

　창조자 하나님은 인간의 모든 행동을 가능하게 하고, 우리의 삶에 올바른 방향을 제시하는 인간 존재의 궁극적 환경이다. 인간의 삶은 하나님께서 정하신 창조의 목적과 질서에 적절하게 반응할 때 참된 의미를 가지게 된다. 하나님이 인간의 삶을 가능하게 하는 궁극적인 환경이기 때문에, 하나님의 전능하신 능력과 지혜가 인간의 마음에서 경외심과 감사와 사랑과 사명감을 불러일으킨다. 이렇게 존재하는 창조질서 속에 성경이 말하는 신학의 가장 중요한 세 가지 요소가 들어있다.

성경에서 말하는 신학의 가장 중요한 첫 번째 요소는 하나님의 주권이다. 하나님은 전지전능하신 창조자이며, 모든 창조의 주인이다. 하나님은 인간을 포함한 우주 만물을 창조하셨을 뿐만 아니라, 모든 창조세계를 다스리신다. 두 번째 요소는 인간의 책임이다. 인간은 하나님의 피조물이기 때문에 하나님이 정하신 질서와 목적에 맞게 자신의 행동과 삶을 적절하게 조화시켜야 할 책임이 있다. 세 번째 요소는 경건 Piety 이다. 때로는 영성 Spirituality 이라고 표현하는 경건은 우리 마음속에서 스스로 생겨나는 것이 아니라, 하나님의 주권적 능력에 대한 반응이다. 하나님의 전능하신 능력과 위대하신 영광은 우리 안에서 경외심과 사명감을 불러일으킨다.

하나님에 대한 바른 이해와 올바른 관계성 속에 존재하는 인간에 대한 이해가 우리에게 청지기로서의 지혜롭고 진실한 사명감을 불러일으킨다. 우리 마음속에서 일어나는 경건이 우리의 행동을 지배한다. 잘못된 대상에 대한 사랑과 열망이 인간의 악행과 불만족의 근원이 된다. 그래서 성경은 "돈을 사랑함이 일만 악의 뿌리가 되나니, 이것을 탐내는 자들은 미혹을 받아 믿음에서 떠나 많은 근심으로써 자기를 찔렀도다."(딤전 6:10)라고 말씀한다. 하나님의 주권적 섭리 안에서 살아가는 인간의 존재와 위치를 바로 깨달을 때, 우리 마음속에서 하나님께 대한 진실한 사랑과 하나님의 창조 목적에 적합한 올바른 행동이 나온다.

청지기의 존재 원리

성경이 계시하는 창조 질서의 대원칙은 "태초에 하나님이 천지를 창조하셨다."(창 1:1)라는 선언이다. 이 세상에 존재하는 모든 사물은 하나님 피조물이다. 하나님께서 인간을 창조하셨다. 인간이 하나님을 만든 것이 아니라, 하나님이 인간을 만들었다. 창조자 하나님 이외에 인간이 섬기는 창조의 원칙을 피조물을 창조자로 잘못 인식하고 섬기는 우상숭배이다. 이 세상에서 우리가 경험하는 모든 문제의 하나님이 인간을 만들었다는, 인간이 모조품 하나님을 만든 데서 시작된다.

만물의 존재 원리는 창조자 하나님의 부르심에 피조물들이 순종하는 것이다. 하나님께서 아무것도 없는 데서 각각의 피조물들을 불러내셨다. 빛이 없는 흑암 가운데서 하나님께서 빛을 불러내셨다: "하나님이 이르시되, 빛이 있으라 하시니, 빛이 있었고."(창 1:3) 하나님이 아무것도 없는 데서 빛을 부르니까, 빛이 순종하여 존재 가운데로 나타났다. 이런 의미에서 하나님의 창조는 무에서 유를 불러내는 하나님의 주권적 부르심이다. 무에서 유를 불러내는 하나님의 주권적 부르심의 능력을 로마서에서는, "그가 믿은 바 하나님은 죽은 자를 살리시며, 없는 것을 있는 것으로 부르시는 이시니라."(롬 4:17)라고 설명한다. 하나님의 주권적 부르심의 결과는 "하나님이 지으신 그 모든 것을 보시니, 보시기에 심히 좋았더라."(창 1:31)고 평가할 정도로 모든 것이 아름답고 완전한 조화를 이루는 것이었다.

하나님의 주권적 부르심은 창조 세계 안에 존재하는 모든 피조물들에게 대단히 중요한 실천적 의미를 내포하고 있다. 하나님의 말씀이 모든 존재의 시작이요, 모든 존재를 지탱하는 기초이다. 하나님의 말씀이 없이는 어떤 피조물도 존재할 수 없었으며, 지속적으로 존재할 수도 없다. 모든 피조물의 존재 원리는 하나님의 말씀에 지속적으로 순종하는 것이다. 이 원칙은 성경 전체를 관통하는 중심 원리이다. 하나님의 말씀에 지속적으로 순종할 때, 창조세계는 '보시기에 심히 좋았더라'는 상태가 유지된다. 창조 세계 안에 아름다운 조화가 깨어진 상황이 벌어졌다면, 거기에는 반드시 하나님의 부르심에 순종하지 않은 영적인 문제가 원인으로 작용한 것이다. 그렇기 때문에 인간이 경험하는 모든 문제의 이면에는 하나님께 순종하지 않는 영적인 쓴 뿌리가 자리를 잡고 있다.

하나님은 인간을 창조하실 때, 분명한 목적과 계획을 가지고, 하나님의 형상대로 인간을 창조하셨다. 하나님의 형상대로 창조된 인간은 하나님의 성품을 닮은 인격적인 존재이며, 이성적이며, 도덕적이고 영적인 존재이다. 인간은 하나님과 인격적으로 교제할 수 있는 하나님의 형상대로 만들어졌기 때문에, 원본인 하나님을 사랑하고, 경외해야 한다. 이것이 앞에서 언급한, 인간이 창조자 하나님에 대해서 마땅히 가져야 할 경건 Piety 이요, 영성 Spirituality 이다.

원본인 하나님과의 교제가 단절된다면, 하나님의 형상인 인간은 정상적인 기능을 발휘할 수 없다. 하나님께서 인격적으로 교제할 수 있는 인간에게 주신 계명들을 요약 정리한 십계명의 제1계명에서 제4계명까지는 하나님과의 지속적인 교제에 초점을 맞추고 있다. 하나님의 말씀에 지속적으로 순종하는 것이 하나님의 형상대로 창조된 인간의 존재 원리이다.

인간은 하나님의 형상대로 창조되었을 뿐만 아니라, 혼자가 아니라 공동체 안에서 살아가도록 창조되었다: "하나님이 자기 형상, 곧 하나님의 형상대로 사람을 창조하시되, 남자와 여자를 창조하시고"(창 1:27) 창조자 하나님이 인간 존재의 절대적이고 궁극적인 환경이라면, 인간 공동체는 인간 존재의 파생적이고 필수적인 환경이다. 공동체를 해치는 행위는 인간 존재 자체를 위협하는 것이다. 그래서 십계명의 제5계명에서 제10계명까지는 공동체에 초점을 맞추고 있다. 간단히 말하면, 이웃을 사랑하라는 것이다. 하나님을 사랑하는 것이 영성의 근본 원리라면, 이웃을 사랑하는 것은 도덕성의 근본 원리이다.

하나님의 형상대로 창조되고, 공동체 안에서 살아가는 인간에게 있어서 영성과 도덕성은 분리될 수 없다. 올바른 도덕성은 올바른 영성에서 나온다. 그래서 어거스틴은 "하나님을 진실로 사랑하라. 그리고 당신이 원하는 대로 행동하라."고 말했다. 이 말은 자기 마음대로 해도 된다는 말이 아니라, 우리가 진실로 하나님을 사랑한다면, 우리의 의지와 열망은 하나님이 원하시는 목적에 맞게 표현될 수밖에 없다는 것이다. 하나님의 주권적 부르심이 무에서 만물을 부르셨을 뿐만 아니라, 우리 마음에서 영성과 도덕성을 불러일으킨다. 우리의 영성과 도덕성의 근원은 창조자 하나님이며, 영성과 도덕성이 추구하는 궁극적 목표는 하나님의 뜻을 이루는 것이다. 하나님의 영광을 구하는 것이 영성이 추구하는 목표이며, 하나님의 뜻에 순종하는 것이 도덕성이 추구하는 목표이다.

하나님의 형상대로 창조된 인간이 살아가는 행동의 원칙 ethic 은 하나님의 말씀에 순종하는 것 theonomous 이다. 윤리학 ethics 에서 하나님의 말씀에 순종하는 것에 대립되는 개념으로 자율 autonomous 이라는 개념을 사용한다. '자신이 스스로에게 법이 된다'는 의미를 가진 자율 autonomous 은 하나님의 말씀에 순종하는 것을 거부하고, 자기 스스로의 생각대로 행동하는 것을 말한다. 다른 말로 표현하면, 자율은 하나님의 말씀에 지속적으로 순종해야 하는 피조물의 존재 원리를 부정하는 불순종이다. 따라서 하나님의 말씀에 지속적으로 순종해야 하는 피조물의 존재 원리를 깨닫는 것이 지혜롭고 진실한 청지기로서의 삶을 사는데 있어서 필수적인 요소이다.

청지기의 사명

인간 창조의 특징이 청지기의 소명관을 결정한다. 인간에게 다른 모든 피조물들과는 확실하게 구별되는 하나님의 형상이라는 특권적인 지위를 준 것은 특별한 사명을 맡기기 위한 하나님의 계획이다. 하나님의 형상이라는 특권적 지위는 하나님의 대리자로 만물을 다스리라는 특별한 사명과 책임을 수반한다. 하나님께서 인간에게 맡기신 만물을 다스리라는 말은, 흔히들 오해하는 것처럼, 지배적 군림이 아니라, 청지기적 섬김을 의미한다. 왜냐하면, 하나님께서 인간에게 위임한 다스림의 목적은 피조물을 지배하고 마음대로 착취하라는 의미가 아니라, 모든 피조물의 잠재력을 최대한 발휘하도록 도와주고, 관리하라는 것이기 때문이다. 하나님은 '땅을 지배하고' '모든 생물을 다스리라'고 창세기 1장 28절에서 명령하셨다. 그리고 창세기 2장 15절에서 에덴 동산을 '경작하고,' '지키라'는 명령을 통하여, 지배하고 다스림이 구체적으로 무엇을 의미하는지를 보충 설명한다. 하나님이 명령하신 '다스림'은 '경작'을 의미한다.

지배적 군림과 경작의 의미를 가진 청지기적 섬김이 어떻게 다른지를 예수님은 이렇게 설명하신다. "예수께서 제자들을 불러다가 이르시되, 이방인의 집권자들이 그들을 임의로 주관하고, 그 고관들이 그들에게 권세를 부리는 줄을 너희가 알거니와, 26) 너희 중에는 그렇지 않아야 하나니, 너희 중에 누구든지 크고자 하는 자는 너희를 섬기는 자가 되고, 27) 너희 중에 누구든지 으뜸이 되고자 하는 자는 너희의 종이 되어야 하리라."(마 20:25-27) '경작'이라는 청지기적 섬김을 통하여 모든 피조물의 잠재력을 최대한 발휘하도록 도와주고 관리하는 청지기직의 대표적인 모델을, 성경은 예수 그리스도의 섬김과 대속의 사역을 통하여 구체적으로 보여준다. "도둑이 오는 것은 도둑질하고 죽이고 멸망시키려는 것뿐이요, 내가 온 것은 양으로 생명을 얻게 하고, 더 풍성히 얻게 하려는 것이라."(요 10:10) 지배적 군림이 생명을 파괴하고 죽이는 것이라면, 청지기적 섬김은 생명을 살리고, 풍성케 하는 것이다. 하나님은 하나님의 형상대로 지음을 받은 인간에게 만물을 다스리고 경작하라는 특별한 사명을 주셨다. 인간 창조의 특징은, 하나님께서 인간을 하나님의 청지기로 창조하셨다는 것이다.

성도들에게 주어진 청지기적 사명을 말할 때, 일반적으로 두 가지 오해가 있다. 하나는, 청지기는 재물을 관리하는 사람 정도로 생각하는 것이다. 그래서 청지기적 사명은 돈을 잘 관리하는 것에 국한시키는 경향이 있다. 다른 하나는, 청지기는 주로 교회에서 직분을 맡은 사람들이라고 생각하는 것이다. 그래서 청지기 훈련이라고 하면, 교회에서 집사나 직분자 훈련으로 생각하는 경향이 있다. 이런 종류의 사명이 청지기적 사명에서 제외되는 것은 결코 아니다. 그러나 중요한 것은 청지기의 직분과 사명은 돈을 관리하는 사람 그 이상이며, 교회의 직분자 그 이상이라는 사실이다.

청지기직에 대해서 왜 이런 오해가 생겼겠는가? 여러 가지 이유가 있을 수 있겠지만, 제일 먼저 생각할 수 있는 것은 예수님이 사용하신 비유를 단순하게 문자적 의미로만 적용한 결과라고 말할 수 있다. 예수님께서 제자들의 사명이 어떤 것인지를 가르치실 때, 여러 개의 청지기 비유를 사용하셨다. 가장 잘 알려진 비유가 마태복음 25장에 있는 달란트 비유이다. 이 비유에서 어떤 사람이 종들에게 돈(달란트)을 맡기고 타국으로 떠났다. 돈을 맡은 종들에게는 주인이 맡긴 돈을 잘 활용해야 하는 사명과 책임이 주어졌다. 이 비유에서 청지기는 분명히 주인의 돈을 맡아서 활용하는 사람임에는 틀림이 없다. 그래서 청지기라고 하면 제일 먼저 생각하는 것이 돈을 맡아서 관리하는 사람으로 생각하는 것이다. 그리고 누가복음 12장에서는 주인의 모든 소유를 맡아서 관리는 지혜 있고 진실한 청지기에 대해서 말씀하고 있다.(42-44절) 여기서 청지기는 주인의 모든 소유를 맡아서 그 집안 식구들에게 때를 따라 필요한 양식을 나눠주는 지혜로운 관리자로 묘사되고 있다. 이렇게 본다면 교회의 직분자들은 주인의 소유를 맡아서 잘 관리하는 지혜 있고 진실한 청지기가 되어야 마땅하다. 그렇지만 이렇게 해석하는 것이 청지기 비유를 들어서 제자들의 사명을 가르친 예수님의 의도를 충분히 반영한 것이라고 말할 수 있겠는가? 분명히 말할 수 있는 것은, 예수님은 제자들에게 주인의 재물을 잘 관리하는 사람이 되라고 청지기 비유를 들어서 가르친 것은 아니다.

 청지기직은 돈을 맡아서 관리하는 사람이나, 주인의 소유를 맡아서 집안을 잘 관리하는 사람 그 이상이라고 생각할 수는 없겠는가? 예수님은 제자들에게 청지기 비유를 들어서 제자들의 사명이 무엇인지를 가르쳤다. 예수님이 사용하신 청지기 비유에서 주인을 하나님으로 생각하면 그 다음은 어떻게 되겠는가? 청지기는 하나님의 모든 소유를 맡은 사람이 된다. 그리고 그 집안 식구들에게 때를 따라서 양식을 나누어주고 집을 관리하는 직책은 하나님의 창조세계를 관리하는 것으로 확대된다.

 히브리서에서는 하나님의 구원 계획을 이루어가는 모세와

예수 그리스도를 하나님의 집을 맡아서 충성한 청지기에 비유하고 있다. 모세는 하나님의 온 집에서 종으로 충성하였고,(히 3:5) 예수 그리스도는 하나님의 집을 맡은 아들로서 충성하였다.(히 3:6) 우리가 예수 그리스도의 제자로서 예수님의 사명을 계승하는 성도들이라면, 하나님의 집을 맡은 아들로서 충성하는 사람들이다. 아들로서 하나님의 집을 맡아서 관리하는 청지기이다. 우리가 하나님의 청지기로 부름을 받았다면, 청지기로서 관리해야 할 대상은 무엇이겠는가? 단순히 재물을 관리하는 것이 우리에게 주어진 청지기적 사명이겠는가? 모세가 이스라엘 백성들의 재산을 관리하기 위해서 부름을 받은 사람인가? 예수 그리스도가 하나님의 재물을 관리하기 위해서 이 땅에 오셨겠는가? 예수님께서 사용하신 청지기 비유에서 주인은 하나님이며, 집은 하나님의 집이라고 이해를 한다면, 청지기적 사명은 돈과 재물의 관리를 넘어서 우리가 살아가는 삶의 모든 영역으로 확장된다. 하나님의 청지기로 부름을 받은 사람들이 수행해야 할 청지기적 사명이 무엇인지를 가장 잘 표현한 성경은 구약에서는 창세기 1장 28절이며, 신약에서는 마태복음 28장 18-20절이다.

청지기직은 우리가 수행해야 할 여러 가지 사명 중의 하나가 아니다. 오히려 그 반대이다. 청지기직은 그리스도인의 존재 자체이며, 삶 그 자체이다. 하나님의 청지기로 존재하고, 하나님의 청지기로 살아가는 삶 속에 우리가 이 땅에서 수행하는 모든 일들이 포함되어 있다. 청지기직은 사명의 하부 개념이 아니라, 성도의 사명 전체를 포함하는 성도의 삶 그 자체이다. 왜냐하면, 우리는 하나님의 청지기로 창조되었고, 하나님의 청지기로 부름을 받았기 때문이다.(창 1:28, 2:15, 마 28:18-20, 고후 5:18-19) 하나님께서 청지기로 부르신 우리에게 맡기신 삶과 시간, 재능, 돈, 소유물, 가족, 그분의 은혜를 제외한다면, 우리에게 남는 것은 아무것도 없다.

청지기로 부름을 받은 우리의 사명은 하나님이 맡긴 모든 것을 가지고, 하나님의 뜻에 맞게 효과적으로 관리하고 활용하는 것이다. 하나님은 청지기에게 사명을 맡겼을 뿐만 아니라, 부과된 사명을 수행하는 데 필요한 충분한 자원과 권한도 주었다. 하나님은 우리에게 맡긴 것을 우리가 하나님의 뜻에 맞게 얼마나 잘 활용했는지를 평가한다. 그렇기 때문에, 청지기로 부름을 받은 우리 삶의 가장 중요한 목적은 하나님이 맡긴 모든 자원을 활용하여, 우리에게 위임된 사명을 완수하고, 하나님의 충성된 사람으로 인정받는 것이다. (고전 4:2)

앞에서 언급한 것처럼, 하나님께서 맡기신 사명을 잘 감당하고, 하나님으로부터 충성된 사람으로 인정받기 위해서, 청지기에게 필요한 자질을 세 가지로 요약할 수 있다. 첫 번째는 사명을 맡긴 하나님의 계획과 의도를 정확하게 알아야 한다. 두 번째는 자기가 맡은 일이 무엇인지를 정확하게 파악해야 한다. 세 번째는 자기가 맡은 일을 어떻게 하나님의 계획과 의도에 맡게 지혜롭고 진실하게 수행해야 하는지에 대한 실천적 지혜를 가져야 한다. 이것을 신학적인 용어로 표현하면, 첫째는 하나님의 주권이며, 둘째는 인간의 책임과 의무이며, 셋째는 하나님의 뜻을 파악하여 삶의 현장에 실천하는 경건, 혹은 영성이다. 간단히 정리하면, 시험을 앞둔 수험생이 시험에서 좋은 성적을 받기 위해서는 출제자의 의도와 경향을 잘 알고 시험을 준비해야 한다. 무조건 열심히 한다고 좋은 평가를 받는 것이 아니다. 출제자의 의도에 맞게 열심히 잘 준비해야 한다.

하나님의 형상대로 창조되고, 하나님의 청지기로 부름을 받은 인간이 추구해야 할 최고의 목적은 하나님의 뜻을 이루는 것이다. 하나님의 뜻을 이루는 것이 하나님의 청지기로 부름을 받은 인간이 추구해야 할 최고의 선임과 동시에 청지기의 자아실현이다. 하나님의 나라는 청지기로 부름을 받은 인간을 위한 하나님의 성취된 계획이기 때문에, 하나님의 나라가 인간이 추구해야 할 최고의 선이며, 하나님 나라에서 청지기로 부름을 받은 인간은 진정한 자아를 실현할 수 있다. 그래서 예수님은 "그런즉 너희는 먼저 그의 나라와 그의 의를 구하라. 그리하면 이 모든 것을 너희에게 더하시리라."(마 6:33)고 말씀한다. 따라서 청지기로 부름을 받은 우리가 추구해야 할 행동의 목표는 하나님의 나라이며, 하나님의 나라라는 큰 틀 안에서 우리의 자아실현이 가능하다.

하나님의 평가

우리의 삶은 하나님의 청지기로 부름을 받아서, 하나님께서 맡기신 사명을 수행하는 것이기 때문에, 우리가 행한 모든 일은 하나님의 평가를 받는다. 일을 맡았으면 결과에 대해서 평가를 받는 것은 이상한 일이 아니다. 우리의 삶을 평가하는 것은 하나님의 약속임과 동시에 하나님의 계획이다. 예수님은 우리의 삶에 대한 하나님의 평가에 대해서 이렇게 말씀한다: "인자가 아버지의 영광으로 그 천사들과 함께 오리니, 그 때에 각 사람이 행한 대로 갚으리라."(마 16:27) 바울 사도는 예수를 구주로 믿고, 믿음으로 살아가는 성도의 삶을 집을 짓는 사람에 비유하여 설명한다: "내게 주신 하나님의 은혜를 따라, 내가 지혜로운 건축자와 같이 터를 닦아 두매, 다른 이가 그 위에 세우나, 그러나 각각 어떻게 그 위에 세울까를 조심할지니라. 11) 이 닦아 둔 것 외에 능히 다른 터를 닦아 둘 자가 없으니, 이 터는 곧 예수 그리스도라. 12) 만일 누구든지 금이나 은이나 보석이나 나무나 풀이나 짚으로 이 터 위에 세우면, 13) 각 사람의 공적이 나타날 터인데, 그 날이 공적을 밝히리니, 이는 불로 나타내고, 그 불이 각 사람의 공적이 어떠한 것을 시험할 것임이라. 14) 만일 누구든지 그 위에 세운 공적이 그대로 있으면 상을 받고, 15) 누구든지 그 공적이 불타면 해를 받으리니, 그러나 자신은 구원을 받되 불 가운데서 받은 것 같으리라."(고전 3:10-15) 집을 짓는 사람이 건물을 다 지은 후에 그 건물을 사용하기 위해서는 관할구청에서 사용승인을 해 주어야 한다. 건물을 완성한 다음에 사용승인을 받는 준공검사를 받듯이, 믿음으로 살아가는 모든 사람들은 하나님으로부터 평가를 받는다. 하나님의 평가는 믿는 자들만 받는 것이 아니다. 죽음과 심판은 이 땅에 살아가는 모든 사람들 중에서 누구도 피해 갈 수 없는 정해진 코스이다: "한번 죽는 것은 사람에게 정해진 것이요, 그 후에는 심판이 있으리니."(히 9:27) 이 땅에 사는 모든 사람들이 육체적 죽음을 피할 수 없듯이, 죽음 이후에 있을 하나님의 심판도 피할 사람은 아무도 없다.

죽음 이후에 행해지는 하나님의 심판은 우리의 영원을 결정한다. 죽음 이후에 하나님의 심판으로 결정되는 우리의 존재 상태는 영원히 지속된다. 죽음 이후에 지속되는 시간과 우리의 존재 상태의 영원성을 인식하지 못한다면, 우리는 이 땅에서 일어나고 경험하게 되는 사소한 일에는 전문가가 될 수 있을지 모르지만, 진짜 중요한 일에는 왕초보가 될 수밖에 없다. 이 땅에서 우리가 경험하는 삶은 다 간히 빠르게 지나가는 짧은 시간이다: "내일 일을 너희가 알지 못하는도다! 너희 생명이 무엇이냐? 너희는 잠깐 보이다가 없어지는 안개니라."(약 4:14) 빠르게 지나가는 삶 속에서 일어나는 아무리 중요한 사건이라 하더라도, 그것은 빠르게 지나가는 것이기 때문에, 영원에 비하면 아무것도 아니다. 이 땅에서 살아가는 우리의 삶은 아침 안개처럼 잠깐 보이다가 사라지는 짧은 시간이지만, 우리의 영원을 준비할 수 있는 유일한 기회이기 때문에 대단히 중요한 시간이다. 영원을 준비할 수 있는 기회가 짧고 빠르게 지나가기 때문에, 이 땅에서 살아가는 짧은 삶은 더욱 더 중요하다. 이런 면에서, 눈앞에서 벌어지는 사소한 일에 집착할 것이 아니라, 영원이라는 안경을 통해서 세상과 인생을 바라보는 지혜가 필요하다.

죽음 이후에 하나님의 심판을 통해서 우리에게 주어지는 상태는 영원한 즐거움이 아니면, 영원한 고통이다. 그 중간은 없다. 하나님의 영원한 즐거움에 참여하지 못하는 사람들은, 하나님과 분리된 영원한 어두움과 고통 속에서 영원히 괴로워할 것이다: "이 무익한 종을 바깥 어두운 데로 내쫓으라. 거기서 슬피 울며 이를 갈리라 하니라."(마 25:30) 그렇기 때문에, 우리가 살아가는 삶의 목적은 하나님의 즐거움에 참여하는 것이어야 한다: "그 주인이 이르되 잘하였도다! 착하고 충성된 종아! 네가 적은 일에 충성하였으매, 내가 많은 것을 네게 맡기리니, 네 주인의 즐거움에 참여할지어다."(마 25:21) 우리의 모든 삶과 행위는 어떻게 하면 하나님의 즐거움에 참여할 수 있는지에 집중해야 한다.

하나님의 약속

우리는 하나님의 평가를 통하여, 우리가 행한 행위에 대하여 공정하고도 풍성한 상급을 받는다. 하나님은 우리가 가진 모든 자원(건강, 시간, 돈, 재능 등)을 어떻게 활용했는지에 대해서 평가하시고, 그에 상응하는 상급을 주신다. 상급은 우리의 요구가 아니라, 하나님의 약속이다. 하나님은 우리의 수고와 헌신에 대해서, 분명한 상급을 약속하셨다: "나로 말미암아 너희를 욕하고 박해하고, 거짓으로 너희를 거슬러 모든 악한 말을 할 때에는 너희에게 복이 있나니, 12) 기뻐하고 즐거워하라. 하늘에서 너희의 상이 큼이라. 너희 전에 있던 선지자들도 이같이 박해하였느니라."(마 5:11-12) 그리스도와 복음을 위해서 당한 박해와 고난뿐만 아니라, 우리가 베푼 조그마한 수고와 헌신에 대해서도 분명한 상급을 약속하셨다: "선지자의 이름으로 선지자를 영접하는 자는 선지자의 상을 받을 것이요, 의인의 이름으로 의인을 영접하는 자는 의인의 상을 받을 것이요, 42) 또 누구든지 제자의 이름으로 이 작은 자 중 하나에게 냉수 한 그릇이라도 주는 자는, 내가 진실로 너희에게 이르노니, 그 사람이 결단코 상을 잃지 아니하리라 하시니라."(마 10:41-42)

여기서 하나 분명히 기억할 것은, 상급과 구원을 혼동하지 말라는 것이다. 하나님과 함께 누리는 영원한 기쁨이든지, 아니면 하나님과 분리된 영원한 고통이든지, 우리가 지낼 영원한 장소와 상태는 전적으로 믿음에 따라 결정된다. 구원은 우리의 행위에 대한 보상이 아니라, 믿음으로 값없이 주시는 하나님의 선물이다. "너희는 그 은혜에 의하여, 믿음으로 말미암아 구원을 받았으니, 이것은 너희에게서 난 것이 아니요, 하나님의 선물이라. 9) 행위에서 난 것이 아니니, 이는 누구든지 자랑하지 못하게 함이라."(엡 2:8-9) "우리를 구원하시되, 우리가 행한 바 의로운 행위로 말미암지 아니하고, 오직 그의 긍휼하심을 따라 중생의 씻음과 성령의 새롭게 하심으로 하셨나니."(딛 3:5) 간단히 정리하면, 구원은 인간을 대신해서 하나님께서 일하신 행위의 결과로 우리에게 주어지는 하나님의 선물이다. 그리스도께서 우리를 대신해서 우리의 모든 죗값을 단번에 다 지불하셨기 때문에, 그 은혜로 예수 그리스도를 구주로 믿는 사람들은 영원한 생명을 선물로 받았다. 구원은 하나님의 행위로 인간에게 주어진 선물이다. 구원은 전적으로 그리스도의 공로로 인한 은혜의 선물이다.

구원이 인간을 대신해서 하나님께서 일하신 결과로 주어진 선물이라면, 상급은 하나님을 위해서 인간이 행한 일에 대한 하나님의 보상이다. 천국에 가든지, 지옥에 가든지, 우리가 영원히 지낼 장소는 전적으로 믿음에 의해서 결정된다. 하지만, 천국과 지옥 중에서 어느 곳에 가든지, 그곳에서 각자가 누리는 상황은 각자의 행위로 결정된다. 행위는 우리가 받을 상급을 결정한다. 상급을 원한다면, 거기에 상응하는 일을 해야 한다. 우리의 행위는 영원한 목적지에서 우리가 누리게 될 상태를 결정한다. 행위가 목적지를 결정하는 일에는 전혀 영향을 미치지 않는다. 그러나 목적지에서 누릴 상급에는 절대적 영향을 미친다.

하나님은 공정하시기 때문에 천국과 지옥의 상황은 개개인에 따라 다를 수 있다. 지옥에 간다고 다 똑같은 고통을 경험하는 것이 아니라, 지옥에서 겪게 되는 고통에도 각자의 행위에 따라서 분명한 차등이 있다. "예수께서 권능을 가장 많이 행하신 고을들이 회개하지 아니하므로 그 때에 책망하시되, 21) 화 있을진저 고라신아! 화 있을진저 벳새다야! 너희에게 행한 모든 권능을 두로와 시돈에서 행하였더라면, 그들이 벌써 베옷을 입고 재에 앉아 회개하였으리라. 22) 내가 너희에게 이르노니, 심판 날에 두로와 시돈이 너희보다 견디기 쉬우리라. 23) 가버나움아 네가 하늘에까지 높아지겠느냐? 음부에까지 낮아지리라. 네게 행한 모든 권능을 소돔에서 행하였더라면 그 성이 오늘까지 있었으리라. 24) 내가 너희에게 이르노니, 심판 날에 소돔 땅이 너보다 견디기 쉬우리라

하시니라."(마 11:20-24) 예수님께서는 자신이 기적과 능력을 가장
많이 행하신 갈릴리의 여러 도시들이 회개하지 않는 것을 보시고,
장차 그들이 받을 심판은 이방 사람들인 두로와 시돈이 받는 것보다
더 혹독한 것이며, 소돔 사람들이 받은 심판보다 더 견디기 힘든
심판을 받을 것이라고 선포하셨다. 예수님의 말씀에 의하면, 두로와
시돈은 지옥에서 고통을 겪게 될 것이며, 죄악이 극심했던 소돔
사람들은 두로와 시돈보다 더 큰 고통을 당하게 될 것이며, 예수님의
크고 풍성한 은혜를 경험하고도 회개하지 않는 갈릴리 사람들은
소돔 사람들보다도 훨씬 더 큰 고통을 당하게 될 것이다. 간단히
말하면, 지옥에서 경험하는 고통에도 각자의 행위에 따라 차등이
있다는 것이다.

지옥에서 경험하는 고통에 차등이 있듯이, 천국에서 주어지는
상급에도 분명한 차등이 있다. 어떤 사람은 믿음으로 구원을 받지만,
부끄러운 모습으로 구원을 받을 수도 있다: "만일 누구든지 그 위에
세운 공적이 그대로 있으면 상을 받고, 15) 누구든지 그 공적이
불타면 해를 받으리니, 그러나 자신은 구원을 받되 불 가운데서
받은 것 같으리라."(고전 3:14-15) 천국에 가는 것이 무엇보다도
중요하지만, 천국에서 상급을 잃어버린다면, 이것 또한 얼마나
심각한 손실인지를 알아야 한다.

이 땅에서 살아가는 우리의 삶은 천국에서 받을 영원한 상급을
위한 기회로 주어진 것이다. 하나님께서 우리를 하나님의 형상대로
지으시고, 하나님의 대리자로 세우셔서 청지기적 사명을 맡긴

것은 우리에게 일을 시키기 위해서가 아니다. 창조사역을 마친 하나님께서 힘든 과정을 마쳤으니까, 나머지는 대리자를 시켜서 일을 시키고, 하나님은 편안히 쉬시기 위해서 우리를 청지기로 부르시고, 사명을 맡긴 것이 아니다. 하나님께서 우리에게 청지기적 사명을 맡기신 목적은 일을 시키기 위한 것이 아니라, 우리에게 상급을 주시기 위한 것이다.

마태복음 20장에 보면, "천국은 마치 품꾼을 얻어 포도원에 들여보내려고 이른 아침에 나간 집 주인과 같으니."(마 20:1)라는 비유로 천국의 모습을 설명한다. 앞에서 설명한 대로, 장터에 놀고 있는 사람들에게 포도원에 가서 일을 하라고 시킨 것은 그들에게 일을 시키기 위한 목적이 아니라, 그들에게 품삯을 주기 위한 것이다. 만약에 일을 시키기 위한 목적이었다면, 하루에 한 시간 일한 사람에게는 하루 품삯인 한 데나리온을 줄 것이 아니라, 8분의 1 데나리온 정도만 줘도 충분한 것이다. 그런데도 포도원 주인은 한 시간을 일한 사람에게도 하루 품삯을 주었다. 하나님께서 우리를 청지기로 부르시고, 사명을 맡기신 이유가 이와 같은 것이라고 비유를 들어서 설명한 것이다. 하나님께서 우리에게 청지기적 사명을 주신 목적은 우리에게 일을 시키시고, 우리를 부려먹기 위해서가 아니라, 천국에서 누릴 영원한 상급을 주시기 위해서 우리를 부르시고, 사명을 맡기신 것이다. 이런 면에서, 이 땅에서 청지기로 살아가는 삶은 천국에서 누릴 영원한 상급을 위해서, 하나님께서 우리에게 주신 은혜로운 기회이다. 우리가 가진 재능과 자원을 활용한 모든 행동은 천국에서 우리가 받을 상급의 목록이다.

믿음으로 하나님의 영광을 위하여 행한 모든 일들은 이 세상을 떠나는 순간 영원히 수정되지 않고 보관된다. 우리가 죽고 나면 두 번째 기회는 없다. 그렇기 때문에, 이 땅에서의 삶은 빠르게 지나가는 짧은 시간이지만, 마지막까지 순간순간이 대단히 중요한 기회이다.

죽기 전에 자신에 대한 평가를 수정할 수 있는 기회를 가졌던 무척 운 좋은 한 사람이 있었다. 고체 폭탄인 다이너마이트를 발명한 알프레드 노벨 (Alfred Bernhard Nobel, 1833-1896)은 그의 유언에 따라 제정된 노벨상으로 인류 역사에 가장 유명한 사람 중의 하나가 되었다. 다이너마이트의 발명으로 노벨은 유럽에서 가장 큰 부자가 되었다. 그런데 1888년 어느 날 아침, 노벨은 프랑스 신문에 실린 자신의 부고 기사를 보고 엄청난 충격을 받았다. 기사의 헤드라인은 '죽음의 상인 죽다: 전보다 빨리 더 많은 사람들을 죽이는 방법을 개발해 부자가 된 알프레드 노벨이 어제 사망했다'였다. 그런데 이 기사는 알프레드의 형 루드비히 노벨이 프랑스 칸느를 방문했다가 사망한 사실을 알프레드 노벨이 죽은 것으로 잘못 알고 내보낸 오보였다. 신문은 알프레드 노벨의 죽음을 다루는 기사에서, 그는 전례 없이 많은 사람을 죽이는 무기를 통해서 최고의 부자가 된 사람이라고 소개했다. 노벨이 더 충격을 받은 것은 세상 사람들이 그의 죽음에 별로 슬퍼하지 않았다는 것이다. 이 사건으로 충격을 받은 노벨은 그의 전 재산의 94%(그 당시의 가치로, 4백 40만 달러)를 털어서 인류의 복리에 공헌한 사람들을 보상하는 데 사용하기로 결심하고, 그가 죽기 1년 전인 1895년에 유언장을 조성하였다. 자기 재산에서 생기는 이자로 해마다 물리학, 화학, 생리학 및 의학, 문학,

평화의 다섯 부문에 걸쳐 공헌한 사람에게 상을 주라는 유언이었다. 그의 유언에 의해서 1901년부터 6개 부문으로 나누어 국적과 성별에 관계없이 그 부문에서 뚜렷한 공로자에게 매년 노벨상이 수여되고 있다. 노벨은 440만 달러(노벨이 기부한 재산의 이자로 받는 노벨상의 상금이 12억원이 넘는 것이니까, 그 재산의 규모를 충분히 짐작할 수 있다)를 투자해서 역사에 남을 그의 평가를 수정하였다. 인류 역사에 전례 없이 많은 사람을 죽이는 무기를 통해 부자가 된 사람에서, 인류 역사에 이바지한 지적인 업적에 수여하는, 세계에서 가장 권위 있는 상을 제정하는 사람으로 말이다.

알프레드 노벨은 아직 살아 있을 때, 그의 삶이 어떤 평가를 받을 것인지를 알고, 그것을 바꿀 수 있는 기회를 가진, 아주 드물게 운이 좋은 사람이었다. 여러분에 대한 세상 사람들의 평가는 어떻게 될지 생각해 보았는가? 여러분의 사망 기사가 하나님이 기뻐하시는 방향으로 수정되도록 당신의 남은 삶을 투자할 용의는 없는가? 이 땅에서 삶으로 기록한 자서전은 이 세상을 떠나는 순간 영원히 수정되지 않고 보관된다. 그리스도인들이 죽고 나면 두 번째 기회는 없다.

천국에서 주어지는 상급은 각 사람이 행한 행동에 따라 분명히 차등이 있다. 천국에서 받는 상급의 차이를 용량의 차이로 설명할 수 있을 것이다. 두 개의 병이 있다고 가정해 보자. 하나는 350 밀리리터가 들어가는 병이고, 하나는 5 리터가 들어가는 병이다. 두 병이 모두 가득 찼다고 하더라도, 용량이 큰 병이 더 많이 담긴다.

예수를 믿음으로 구원받은 사람은 모두가 천국에서 기쁨이 충만한 삶을 살게 될 것이다. 그러나 이 땅에서 믿음의 그릇을 키워 놓은 사람은 더 큰 기쁨을 누리게 될 것이다. 그렇기 때문에 이 땅에 사는 동안 하나님과 이웃을 향하여 마음을 열고, 천국에서 받을 기쁨의 용량을 키워야 한다.

하나님이 약속하신 상급을 기대하라

천국에서 받을 상급을 기대하고 행동하는 것은 결코 잘못이 아니다. 오히려 그것을 기대하지 못하는 것이 심각한 잘못이다. 왜냐하면, 상급에 대한 기대는 우리의 요구가 아니라, 하나님의 약속이기 때문이다. "인자가 아버지의 영광으로 그 천사들과 함께 오리니, 그 때에 각 사람이 행한 대로 갚으리라."(마 16:27) 그리스도를 믿는 믿음 안에서 하나님을 위해서 행한 우리의 모든 행동에 대해서 하나님은 반드시 보상한다. "믿음이 없이는 하나님을 기쁘시게 하지 못하나니, 하나님께 나아가는 자는 반드시 그가 계신 것과 또한 그가 자기를 찾는 자들에게 상 주시는 이심을 믿어야 할지니라."(히 11:6) 결과적으로, 하나님의 상급을 기대하지 못하는 것은 하나님의 약속을 무시하는 것이요, 하나님을 믿지 못하는 불신앙이다.

하나님이 약속하신 상급은 우리에게 청지기로서의 거룩하고 충성스런 삶의 동기를 부여한다. 하나님 나라에서 받을 영원한 상급을 기대한 모세는 이 땅에서 받는 일시적인 수모를 참았다:

"믿음으로 모세는 장성하여, 바로의 공주의 아들이라 칭함 받기를 거절하고, 25) 도리어 하나님의 백성과 함께 고난 받기를 잠시 죄악의 낙을 누리는 것보다 더 좋아하고, 26) 그리스도를 위하여 받는 수모를 애굽의 모든 보화보다 더 큰 재물로 여겼으니, 이는 상 주심을 바라봄이라."(히 11:24-26) 바울 사도는 그가 받을 상급을 바라보면서, 힘들고 긴 인생의 경주를 끝까지 달릴 수 있었을 뿐만 아니라, 모든 그리스도인들에게 상급을 향해 달려가라고 격려한다: "운동장에서 달음질하는 자들이 다 달릴지라도, 오직 상을 받는 사람은 한 사람인 줄을 너희가 알지 못하느냐? 너희도 상을 받도록 이와 같이 달음질하라. 25) 이기기를 다투는 자마다 모든 일에 절제하나니, 그들은 썩을 승리자의 관을 얻고자 하되, 우리는 썩지 아니할 것을 얻고자 하노라."(고전 9:24-25)

　　상급에 의하여 동기가 부여된 최고의 모델은 예수 그리스도 자신이다: "믿음의 주요, 또 온전하게 하시는 이인 예수를 바라보자. 그는 그 앞에 있는 기쁨을 위하여 십자가를 참으사 부끄러움을 개의치 아니하시더니, 하나님 보좌 우편에 앉으셨느니라."(히 12:2) 이렇게 본다면, 천국의 상급을 바라보고 행동하는 것이 잘못되었다고 생각하는 것은 그리스도의 십자가를 대적하는 것이다.

　　물론 하나님이 약속한 상급이 우리가 이 땅에서 청지기로 살아가는 삶의 유일한 동기는 아니다. 우리는 하나님을 사랑하는 마음으로 복음에 헌신해야 한다. 우리는 하나님을 경외함으로 말씀에 순종해야 한다. 우리는 주를 기쁘시게 하는 열망으로 감사함으로 이웃을 섬겨야 한다. 우리는 상급을 기대하면서 주어진 일에 충성해야 한다. 각각의 동기는 정당하며, 서로 보완적이다. 사랑이 하나의 동기이고, 경외심은 다른 동기이고, 상급은 또 다른 동기이다. 하나, 혹은 둘이 충분하지 못하면, 세 가지가 함께 있어야 한다. 청지기 비유가 주는 중요한 교훈은, 이 땅에서 우리가 행하는 모든 행동에는 반드시 하나님의 평가가 있을 것이며, 충성한 자들에게는 엄청난 상급이 주어진다는 사실이다.

하나님께서 주시는 상급을 기대하는 것과 세상에서 누리는 풍요와 번영의 복을 구하는 기복신앙은 전혀 다른 것이다. 청지기로서 하나님의 상급을 기대하는 것은 기본적으로 우리를 창조하시고 부르신 하나님의 아름다운 창조의 목적을 이루어가는 삶이 전제된 것이다. 청지기가 기대하는 최고의 상급은 하나님의 영원한 즐거움에 참여하는 것이다. 하나님의 계획과 뜻을 이루어가는 기쁨과 만족이 청지기의 모든 생각과 행동의 중심에 있다. 그러나 기복신앙은 전혀 그렇지 않다.

　기복신앙은 기본적으로 이 땅에서 누리는 풍요와 번영을 최고의 가치로 생각하고, 추구하는 삶이다. 건강과 풍요와 번영을 누리기 위해서 하나님을 믿는다면, 그것은 하나님을 사랑하고, 경외하는 것이 아니라, 나의 기대와 욕심을 채우기 위해서 하나님을 이용하는 것이다. 하나님의 상급을 기대하는 신앙은 하나님의 뜻을 이루기 위해서 자신이 가진 모든 자원을 지혜롭게 활용하는 일에 전적으로 충성하는 총체적 헌신이다. 그러나 기복신앙은 나의 목적을 이루기 위해서 하나님을 이용하는 것이다. 기복신앙의 중요한 잘못을 두 가지로 정리하면, 하나는 시간적인 관점의 오류이다. 기복신앙은 이 땅에서 누리고 경험할 수 있는 즉각적인 결과를 우선시한다. 다른 하나는, 가치의 오류이다. 눈에 보이는 건강과 물질적인 풍요와 번영을 가장 중요시한다. 이 세상에서 우리가 누리는 것은 그것이 아무리 중요하고 가치 있는 것이라 하더라도 잠시 후면 다 사라지는 것들이다.

 기복신앙이 추구하는 이 땅에서 즉각적으로 누리는 풍요와 번영과는 대조적으로, 하나님의 상급은 영원하고 완전한 것이다. 하나님이 주시는 상급의 절정은 영원한 나라와 영원한 생명과 영원한 영광을 포함하는 하나님과 함께 누리는 영원한 기쁨이다. 하나님과 함께 누리는 영원한 기쁨이 태양처럼 빛나는 상급이라면, 이 땅에서 기복신앙이 추구하는 풍요와 번영은 촛불 정도나 될까? "또 내가 새 하늘과 새 땅을 보니, 처음 하늘과 처음 땅이 없어졌고, 바다도 다시 있지 않더라. 2) 또 내가 보매 거룩한 성 새 예루살렘이 하나님께로부터 하늘에서 내려오니, 그 준비한 것이 신부가 남편을 위하여 단장한 것 같더라. 3) 내가 들으니, 보좌에서 큰 음성이 나서 이르되, 보라 하나님의 장막이 사람들과 함께 있으매, 하나님이 그들과 함께 계시리니, 그들은 하나님의 백성이 되고, 하나님은 친히 그들과 함께 계셔서, 4) 모든 눈물을 그 눈에서 닦아 주시니, 다시는 사망이 없고 애통하는 것이나 곡하는 것이나 아픈 것이 다시 있지 아니하리니, 처음 것들이 다 지나갔음이러라. 5) 보좌에 앉으신 이가 이르시되, 보라 내가 만물을 새롭게 하노라 하시고, 또 이르시되 이 말은 신실하고 참되니 기록하라 하시고, 6) 또 내게 말씀하시되,

이루었도다. 나는 알파와 오메가요, 처음과 마지막이라. 내가 생명수 샘물을 목마른 자에게 값없이 주리니, 7) 이기는 자는 이것들을 상속으로 받으리라. 나는 그의 하나님이 되고, 그는 내 아들이 되리라."(계 21:1-7) 새 하늘과 새 땅에서는 고통과 아픔과 죽음이 더 이상 존재하지 않는다. 생명수 샘물을 마음껏 마실 수 있다. 이 세상에서 경험했던 모든 불완전한 것들을 하나님께서 영원하고 완전한 것으로 바꾸어 주신다. 하나님의 창조와 구원의 목적이 완전히 이루어지는 날. 새 하늘과 새 땅에서 하나님과 함께 영원히 기뻐하고 즐거워하는 것이 청지기로 부름을 받은 우리가 기대하는 최고의 상급이다.

간단히 정리하면, 참된 신앙과 기복신앙의 결정적인 차이점은 중심의 문제이다. 우리의 마음과 뜻과 정성을 집중하는 총체적 헌신의 중심에 하나님의 뜻과 계획이 있다면, 이것은 하나님 중심적인 참된 신앙이다. 반면에, 우리의 모든 삶을 이끌어가는 총체적 헌신의 중심에 나의 욕심과 기대가 자리 잡고 있다면, 그것은 자기중심적인 기복신앙이다. 따라서 기복신앙은 자신의 기대와 욕심을 이루기 위해서 하나님을 이용하는 무조품 신앙이며, 더 나아가서는 하나님이 아니라 자기의 욕심을 섬기는 우상숭배이다.

하나님이 부르신 쿠름의 상은 이 땅에서가 아니라 새 하늘과 새 땅에서 완전히 주어지는 것이다. 물론 우리는 이 땅에서도 하나님이 약속한 상급을 누릴 수 있다. 이 땅에서도 천국의 영광과 기쁨을 미리 맛볼 수 있다. 그러나 그것이 전부는 아니다. 이 문제에 관하여 바울 사도는 이렇게 고백한다: "내가 이미 얻었다 함도 아니요, 온전히 이루었다 함도 아니라. 오직 내가 그리스도 예수께 잡힌바 된 그것을 잡으려고 달려가노라. 13) 형제들아 나는 아직 내가 잡은 줄로 여기지 아니하고, 오직 한 일 즉 뒤에 있는 것은 잊어버리고, 앞에 있는 것을 잡으려고, 14) 푯대를 향하여 그리스도 예수 안에서 하나님이 위에서 부르신 부름의 상을 위하여 달려가노라."(빌 3:12-14) 하나님이 부르신 부름의 상은 천국에서 완전히 주어지는 것이기 때문에, 이 땅에 있는 것만 가지고 하나님의 상급을 평가해서는 안 된다.

어느 시골 농촌 마을에 서로 이웃에 사는 두 사람의 농부가 있었다. 한 사람은 진심으로 하나님을 사랑하고 믿음이 좋은 사람이었고, 한 사람은 복음을 조롱하고 하나님을 무시하는 사람이었다. 하나님을 무시하는 사람은 평소에 하나님을 경외하면서 살아가는 사람의 모습을 너무나 못마땅하게 생각했다. 그래서 복음을 조롱하고 하나님을 무시하는 농부가 약이 올라서 믿음이 좋은 농부에게 이런 제안을 했다. "올 봄에 같은 면적에 같은 종류의 씨앗을 심도록 하세. 그리고 자네는 하나님께 열심히 기도하고, 나는 하나님을 무시하고, 조롱하겠네. 그래서 10월에 누가 더 많은 열매를 거두는지 시험해 보세." 그렇게 농사일을 하면서 여름이 지나고 추수의 계절 10월이 되었다. 10월이 되어서 추수한 것을 비교해 보니, 하나님을 조롱하는 농부가 훨씬 더 많은 열매를 거두었다. 복음을 조롱하는 농부가 의기양양해서 믿음이 좋은 농부를 보고 이렇게 큰소리 쳤다. "이 어리석은 사람아! 이것 보게나. 그래도 하나님을 믿을 건가?" 하나님을 조롱하는 자의 말을 잠자코 듣고 있던 농부가 이렇게 대답했다. "이 사람아! 하나님은 10월 달에 모든 것을 다 계산하지는 않는다네!"

마지막 결산의 날은 우리 모든 사람들에게 시시각각 다가오고 있다. 하나님은 이 땅에서 10월 달에 모든 것을 다 계산하지는 않는다. 이 땅에서 눈에 보이는 것만 가지고 평가한다면, 성령에 충만하여 하늘이 열리고 예수께서 하나님 보좌 우편에 서신 것을 보면서 영광스럽게 하나님의 부름을 받은 순교자 스데반(행 7:55-60)은 돌에 맞아 죽은 저주받은 사람에 지나지 않는다. 이 땅에서 살아가는 우리의 삶은 아침 안개와 같이 신속히 지나간다. 짧은 시간을 살지만, 영원을 준비하는 대단히 중요한 시간을 살고 있다. 이 세상에 사는 동안 하나님의 뜻을 위하여, 하나님의 나라를 위하여 헌신하면서, 믿음의 그릇을 키우는 것이 지혜롭고 진실한 청지기가 할 일이다.

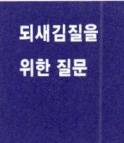
되새김질을 위한 질문

1. 하나님이 창조하신 세계 속에 살아가는 인간의 궁극적 환경은 무엇이라고 생각하십니까?

2. 신학의 핵심적인 뼈대를 형성하는 3가지 요소는 무엇입니까?

3. 하나님의 창조에 있어서 창세기 1장 1절의 의미를 간단히 정리해 봅시다.

4. '영성'과 '도덕성'의 근본원리는 무엇입니까?

5. '지배적 군림'과 '청지기적 섬김'의 차이점은 무엇이라고 생각하십니까?

6. 청지기적 사명에 대한 일반적인 오해는 어떤 것이며, 왜 그런 오해가 생겼다고 생각하십니까?

7. 하나님의 청지기로 부름을 받은 우리가 추구해야 할 최고의 목적은 무엇이라고 생각하십니까?

8. 육체를 가지고 살아가는 모든 사람들이 피할 수 없는 두 가지는 무엇입니까?

9. 노벨상이 만들어지게 된 이야기는 자신에게 어떤 도전을 줍니까?

10. 상급과 구원은 어떻게 다른지 간단히 정리해 봅시다.

11. 하나님의 상급을 기대하는 것과 흔히 말하는 '기복신앙'은 어떻게 다르다고 생각하십니까?

Chapter Three

3
영성 훈련은
부르심에 대한
반응 훈련이다

영성의 정의

영성 훈련의 목적

영성 훈련의 실천적 방법

영성 훈련은 반응 훈련이다

영성 훈련은
부르심에 대한
반응 훈련이다

3

　영성은 하나님의 부르심에 반응하는 성향이다. 하나님께서 우리를 하나님의 형상대로 만드시고, 하나님이 창조하신 세계를 다스리라는 사명을 주셨다. 그렇다면, 우리는 맡은 사명을 잘 감당하기 위해서는 하나님의 부르심에 즉각적으로 반응할 수 있는 순발력이 있어야 한다. 하나님의 주권적 부르심과 우리의 책임이 별개의 것으로 작동할 수는 없다. 우리의 책임과 의무는 하나님의 부르심의 범위 안에서 수행되어야 한다. 하나님의 부르심에 관계없이 내가 하고 싶은 일을 한다면, 그것은 하나님의 부르심에 반응하는 것이 아니다. 하나님과 관계없이 내가 하고 싶은 나의 일을 하는 것이다. 지혜 있고 진실한 청지기는 하나님의 부르심에 즉각적이고 충성스럽게 반응하면서, 하나님이 맡기신 일을 하나님의 뜻에 맞게 수행해야 한다.

　우리는 하나님의 청지기로 부름을 받았다. 그렇기 때문에 우리가 행하는 일은 전적으로 우리를 부르신 하나님의 뜻과 계획안에서 수행도 거야 한다. 하나님의 부르심과 우리의 사명이 분리되지 않고, 유기적으로 연결되어서 아름다운 조화를 이루게 하는 것을 영성, 혹은 경건이라고 정의한다. 이런 의미에서, 영성은 하나님의 부르심에 대한 반응이다. 하나님의 부르심에 반응을 하더라도, 준비되어 있는 사람은 즉각적으로 반응할 것이고, 준비되지 않은 사람은 느리고 답답하게 반응할 것이다. 경우에 따라서는 준비가 되지 않았기 때문에, 부르심에 전혀 반응을 하지 못할 수도 있다.

하나님의 부르심에 어떻게 반응하느냐는 전적으로 자신의 준비상태에 달려 있다. 마태복음 25장에서 예수님은 열 처녀 비유를 통해서 이 원리를 잘 설명하셨다. 열 명의 처녀가 저녁 무렵에 등을 가지고 신랑을 맞으러 나갔다. 그 중에 다섯 처녀는 미련하여서 등에 기름을 준비하지 못하고 나갔다. 다른 다섯 처녀는 지혜롭게 등에 기름을 가득 채우고 나갔다. 그런데 신랑이 생각했던 시간보다 훨씬 늦게 온 것이다. 밤이 늦도록 신랑을 기다리다가 열 명의 처녀들은 잠이 들었다. 한밤중에 졸고 있는 사이에 신랑을 맞으러 나오라고 부르는 소리가 들렸다. 등에 기름을 준비한 다섯 처녀들은 신랑을 맞으러 나오라는 부르심에 즉각적으로 반응할 수 있었다. 그러나 등에 기름을 준비하지 못한 처녀들은 신랑을 맞으러 나오라는 부르심에 반응할 수가 없었다. 준비되지 않은 사람들은 부르심에 즉각적으로 반응할 수 없다. 깨어 있는 영성은 하나님의 부르심에 즉각적으로 반응할 수 있도록 준비된 상태를 의미한다. 이런 의미에서, 영성 훈련은 하나님의 부르심에 즉각적으로 반응할 수 있도록 자신을 준비시키고, 훈련시키는 것이다.

영성의 정의

최근에 와서 '영성'이라는 단어는 대단히 다양하게 사용된다. 광범위한 의미에서 영성의 개념을 설명하자면, 우리가 살아가는 삶에 있어서 궁극인 가치나 의미를 가진 것에 대한 사랑, 열정, 혹은 헌신이라고 말할 수 있다. 우리가 궁극적인 가치나 의미를 가지고 있다고 생각하는 대상은 내세적이고 초월적인 것이 될 수도 있고, 현세적이고 내재적인 것이 될 수도 있다. 그 대상이 무엇이든지 간에, 자신이 인생의 궁극적인 가치나 의미를 가진 것이라고 생각하는 것이 그 사람의 영성이다. 영성을 광범위한 의미에서 정의하면, 모든 사람은 영성을 가지고 있다. 어떤 사람은 허무주의적인 영성을 가졌을 수도 있고, 어떤 사람은 물질주의적인 영성을 가질 수도 있다. 어떤 사람은 초월주의적인 영성을 가질 수도 있다.

    일반적으로 다양하게 사용되는 영성이라는 말의 의미를 정의하면, 구체적인 대상이 무엇이냐에 관계없이 인생을 살아가면서 궁극적인 가치와 의미를 가지고 있다고 생각하는 것에 대한 열망과 헌신이라고 말할 수 있다. 이렇게 되면, 영성이라는 단어는 매우 다양하게, 그리고 광범위하게 사용될 수 있다. 영성에 대한 광범위한 정의는 포괄적인 의미를 가진다는 면에서 좋은 점이 있으나, 구체적이고 분명하지 못하다는 단점이 있다. 귀에 걸면 귀걸이, 코에 걸면 코걸이 식의 혼란이 뒤따르게 된다.

'영성'의 개념을 좁은 의미에서 설명하면, 일상적인 가치보다는 좀 더 초월적인 가치에 대한 헌신과 열정을 말한다. 이렇게 되면, 우리의 삶에서 궁극적인 가치와 의미를 가진다고 생각하는 영성의 대상에서 권력과 쾌락과 소유와 같은 것들은 제외된다. 그럼에도 불구하고, 이런 대상을 자기 인생에서 절대적인 가치나 의미를 가지고 있다고 생각하고 삶 전체를 헌신하는 사람들의 성향을 영성이라고 정의하기도다는 '유사영성 pseudo-spirituality' 혹은 '반영성 anti-spirituality'이라고 정의한다.

사전에서 영성이라는 단어를 찾아보면, '신령한 성품이나 성질'이라고 정의하고 있다. '신령한 성품이나 성질'을 좀 더 풀어서 쓰면, 절대가치, 혹은 절대존재를 향한 마음의 열정과 헌신이라고 설명할 수 있다. 신령한 것을 절대가치나 절대존재라고 생각하는 것이다. 성품이나 성질은 신령한 것이라고 생각하는 대상에 대한 마음의 열정과 헌신이라는 것을 알 수 있다. 여기서 좀 더 구체적으로 규명해야 할 중요한 것은 절대가치나 절대존재가 무엇이냐는 것이다. 절대가치나 절대존재가 무엇이냐에 따라서 그 사람이 가지는 영성의 내용, 혹은 방향이 결정된다.

절대가치나 절대존재가 무엇이냐고 질문한다면, 사람들에 따라서, 문화에 따라서, 종교에 따라서 매우 다양한 답변이 나올 것이다. 이 질문에 대한 다양한 답변은 접어두고, 성경적인 관점에서 대답한다면, 답변은 분명하다. 우리 인생에서 절대가치를 가지는 절대존재는 우주를 창조하시고, 우리를 죄에서 구원하신 삼위일체 하나님이시다.

인생에 있어서 절대가치를 가지는 절대자에 대한 내용이 결정되면, 영성의 정의는 광범위한 모호성을 벗어나서, 구체적이고 확실해진다. 성경의 관점에서 정의하면, '영성'은 '하나님을 향한 마음의 열정과 헌신'이다. 하나님을 향한 강한 열망을 가지고 헌신하는 삶을 살아가는 사람을 성경은 영에 속한 사람이라고 정의한다. 반대로 세상을 향한 강한 열망을 가지고 헌신하는 삶을 살아가는 사람을 육에 속한 사람이라고 정의한다. 육에 속한 사람을 앞에서 설명한 광범위한 영성의 개념으로 정의한다면, '유사영성 pseudo-spirituality'을 가진 사람이라고 말할 수 있다. 성경적 관점에서 정리하면, '영성'은 '하나님께로 나아가고자 하는 마음의 총체적인 헌신'이다.

    하나님께로 나아가고자 하는 마음의 총체적 헌신이라고 정의한 영성을 삶의 상황에서 좀 더 구체적으로 설명하면, 우리가 '하나님과 관계 맺는 방식', 혹은 '하나님과 가까워지는 방식'을 의미한다. 우리가 하나님과 관계 맺는 방식을 구체적으로 기록한 책이 성경말씀이다. 성경이 말씀하는 우리의 행동 규범을 크게 정리하면, 첫째는 하나님과의 관계에서 우리의 행동규범을 정리하고 있으며, 둘째는 우리와 이웃과 관계된 행동규범을 규정하고 있다. 예수님은 성경이 정한 행동규범을 '하나님을 사랑하고, 이웃을 사랑하라'는 말씀으로 요약했다.

실천적 의미에서 정의한다면, '영성'은 '하나님을 향한 사랑'이다. 하나님을 사랑하는 구체적인 행동 규범을 요약한 것이 십계명의 제1계명부터 4계명까지이다. 십계명의 첫 번째 돌 판은 하나님을 사랑하는 구체적인 행동이 무엇인지를 보여준다. 십계명의 첫 번째 돌 판이 하나님을 사랑하라는 영성을 규정한 것이라면, 십계명의 두 번째 돌 판은 이웃을 사랑하라는 도덕성을 규정한 말씀이다. 이렇게 정리하면, 영성과 도덕성의 구분이 분명해진다. 그리고 올바른 영성에서 올바른 도덕성이 나온다는 것을 알 수 있다. 또한 도덕성의 회복은 영성의 회복이 없이는 불가능하다는 것을 알 수 있다.

일반적으로 우리가 살아가는 시대를 포스트모던 시대라고 말하는데, 포스트모던 시대가 경험하고 있는 가치관과 도덕성의 혼란은 궁극적으로 영성의 혼란에서 시작된 것이다. 절대 진리를 부정하고, 각자의 감성에 근거한 상대적인 가치를 추구하는 세대는 영적, 도덕적 혼란에서 벗어날 수가 없다. 이런 면에서 하나님의 계시가 영성과 도덕성을 표현하는 기준이 되어야 한다. 올바른 기준이 정해져야 행동의 혼란이 정리될 수 있다.

영성 훈련은 영성을 훈련하는 것이다. 영성을 훈련한다는 것은 무엇을 어떻게 한다는 말인가? 영성 훈련의 정의는 영성의 정의에 따라서 결정된다. 영성을 삶의 구체적 상황에서 정의하면, '우리가 하나님과 관계 맺는 방식, 혹은 하나님과 가까워지는 방식'이라고 앞에서 설명하였다. 그렇다면, 영성 훈련은 우리가 하나님과 관계 맺는 방식을 훈련하고, 하나님과 가까워지는 방식을 훈련하는 것이다.

하나님과 관계를 맺고, 하나님과 가까워지는 데 있어서 가장 중요한 것은 하나님의 절대 주권을 인정하는 것이다. 십계명의 첫 번째 돌판의 내용은 하나님의 절대 주권을 존중하고 그 분의 뜻에 전심으로 순종하라는 것이다. 영성을 훈련한다는 관점에서 생각한다면, 하나님의 절대 주권을 존중하는 것은 나의 결정권을 행사하는 것이 아니라, 전적으로 하나님의 결정권에 따른다는 것을 의미한다. 하나님의 뜻에 순종한다는 것은 삶의 현장에서 나의 결정권이 아니라 하나님의 결정권을 행동으로 실천하는 것을 의미한다.

결정권에 초점을 맞추어서 정리하면, '영성 훈련은 나의 삶 속에서 하나님이 활동할 수 있는 마음의 공간을 비워드리는 훈련'이다. 다른 말로 표현하면, 나의 모든 결정권을 하나님께 위탁하고, 하나님의 결정권에 따라서 행동하도록 마음을 준비시키는 훈련이다. 주님이 전권을 가지시고 우리 안에서 역사하시면 우리는 열매를 많이 맺게 될 것이다.(요 15:5) 우리가 주님 안에서 열매를 많이 맺으면, 하나님께서 영광을 받으신다.(요 15:8) 이런 의미에서, 영성 훈련은 열매를 더 많이 맺기 위하여 주님 안에 있는 깨끗한 가지로 자신을 준비시키는 과정이다.

하나님의 결정권을 존중하는 영성이 잘 훈련된 사람은 어떤 상황에서도 자기의 결정권을 행사하기보다는 하나님의 결정권에 자신을 맡긴다. 그 대표적인 경우를 다니엘의 행동에서 찾을 수 있다. 다니엘은 멸망하는 이스라엘의 귀족으로 바벨론에 포로로 잡혀왔다. 바벨론에 인질로 잡혀온 다니엘의 장래는 그의 개인적인 노력과 처세술의 한계를 벗어난 것이었다. 이런 고난과 절망의 상황에서 다니엘은 자기 인생의 모든 결정권을 하나님께 맡기기로 뜻을 정하고, 자신의 생명까지도 하나님께 맡기는 결정을 하였다: "다니엘은 뜻을 정하여 왕의 음식과 그가 마시는 포도주로 자기를 더럽히지 아니하리라 하고, 자기를 더럽히지 아니하도록 환관장에게 구하니."(단 1:8) 다니엘은 위기의 상황에서 자신의 마음을 비우고 모든 결정권을 하나님께 위탁하였다. 이후부터는 하나님께서 다니엘의 삶 속에서 역사하시고, 그의 삶을 이끌어 가신다. 하나님이 다니엘로 하여금 환관장에게 긍휼을 얻게 하셨다.(단1:9) 그리고 다니엘에게 학문을 주시고, 모든 서적을 깨닫는 지혜를 주시고, 환상과 꿈을 깨달아 알게 하는 지혜를 주셨다.(단 1:17)

다니엘의 경우에서 보듯이, 우리의 결정권을 전적으로 하나님께 위탁하면, 하나님이 우리의 삶 속에서 역사하신다. 이것이 우리가 하나님과 관계 맺는 방식이고, 하나님과 가까워지는 방식이다. 이런 의미에서, 영성 훈련은 나의 삶 속에서 하나님이 활동할 수 있는 마음의 공간을 비워드리는 훈련이다.

물론 여기서 마음을 비운다는 것은 동양의 범신론적 사상에서 말하는 비움과는 전혀 다른 것이다. 범신론에 의하면, 신은 피조물과 구별되는 인격적인 존재가 아니라, 유일 무한한 비인격적인 궁극적 실재라고 말한다. 다른 말로 설명하면, 신은 우주이며, 존재하는 모든 것이 신이라는 것이다. 범신론을 가진 사람들이 명상이나 다른 어떤 행동을 통해서 자기를 비운다는 것은 자신과 세상과의 구분을 없애는 것을 의미한다. 자신을 비인격적인 궁극적 실재에 포함시키는 것이다. 인격적인 자신을 비워서 비인격적인 궁극적 실재인 우주와 하나로 되게 하는 것을 해탈이라고 말한다. 범신론의 비움은 인격적인 존재가 비인격적인 존재인 우주에 흡수되는 것을 말한다. 그러나 성경적 관점에서 비움은 비인격적인 존재에 흡수되기 위한 것이 아니라, 나의 마음을 절대적이고, 인격적인 하나님으로 채우기 위한 비움이다. 나의 존재가 없어지기 위한 비움이 아니라, 하나님의 주권과 인도하심 안에서 나의 존재가 채워지고, 완성되기 위한 비움이다.

결론적으로 말하면, 영성은 하나님을 향한 열정이다. 영성은 하나님의 부르심에 대한 반응이다. 하나님의 부르심에 즉각적으로 반응하기 위해서 자신을 준비시키는 것이 영성 훈련이다. 나의 삶을 통해서 하나님께서 마음껏 활동하실 수 있도록 내 마음을 비워서 하나님께 드리는 훈련이다. 영적인 삶은 하나님의 주권과 뜻에 전적으로 순종하는 삶이다. 하나님을 향한 사랑은 내 마음을 전적으로 하나님께 비워드리는 열정으로 표현된다. 결과적으로, 하나님을 향한 사랑은 하나님을 향한 열정이다.

영성 훈련의 목적

영성 훈련은 하나님의 부르심에 즉각적으로 반응하기 위해서 자신을 준비시키는 훈련이다. 모든 훈련은 자극에 반응하는 순발력을 증진시키는 것이다. 부르심에 반응을 하기는 하는데 제대로 하지 못하고, 몇 번의 시행착오를 거쳐서 반응한다면, 그 사람은 훈련이 제대로 되지 않은 사람이다. 또한 반응을 하기는 하는데, 즉각적으로 하지 못하고, 지체하면서 늦게 한다면, 그 사람도 충분히 훈련되지 못한 사람이다. 따라서 영성 훈련의 목적은 삶의 전 영역에서 하나님의 부르심에 즉각적으로 순종하기 위한 순발력을 증진시키는 연습이요, 훈련이다.

마태복음 25장에 기록된 달란트 비유는 어떻게 반응하는 것이 하나님의 부르심에 즉각적으로, 그리고 지혜롭게 반응하는 것인지를 잘 보여준다. 어떤 사람이 종들을 불러서 각자의 재능에 맞게 금 다섯 달란트, 두 달란트, 한 달란트를 맡겼다. 달란트를 맡은 사람들은 주인의 부르심을 받은 것이다. 주인의 부르심에 반응하는 형태는 두 종류로 나타난다. 다섯 달란트 받은 자와 두 달란트 받은 자는 바로 가서 그것으로 장사를 하여 다섯 달란트와 두 달란트를 남겼다. 두 사람은 부르심에 즉각적으로 순종했고, 지혜롭게 순종해서 맡은 분량만큼의 달란트를 남겼다.

그런데 한 달란트 받은 자의 반응은 달랐다. 한 달란트 받은 자는 그것을 활용하지 않고, 땅을 파고 주인이 맡긴 돈을 감추어 두었다. 만약에 한 달란트 받은 사람이 바로 가서 땅을 파고 돈을 감추었다면, 즉각적으로 반응한 것은 될지 모르지만, 행동의 방향은 돈을 맡긴 주인이 기대하는 것과는 전혀 다른 것이었다. 주인의 의도를 알지 못하고, 주인이 기대하는 것과는 전혀 다르게 반응하는 것은 잘못된 반응이고, 어리석은 반응이다. 한 달란트 받은 종이 맡은 돈을 땅에 감추어 둔 데는 자기 나름대로 충분한 이유를 가지고 있었다. 그러나 돈을 땅에 묻어 둔 것은 자기의 생각과 추론에 의한 자기 결정권을 행사한 것이지, 돈을 맡긴 주인의 의도를 생각하고, 주인의 결정권에 따른 것이 아니다. 한 달란트 받은 자는 주인의 의도와 관계없이 자기의 안전을 위해서, 자기가 유리하다고 판단한 대로, 자기 결정권을 행사했다. 성경은 하나님의 결정권을 무시하고, 자기 결정권을 행사하는 행동을 불순종이라고 말한다. 한 달란트 받은 자는 자기의 안전을 위해서 주인의 뜻을 무시하고 불순종했다.

    돈을 맡은 종들의 반응에 대해서 주인은 무엇이라고 평가하는가? 종들의 반응이 두 종류이듯이 주인의 평가도 둘이다. 다섯 달란트 받은 자와 두 달란트 받은 자에 대한 평가는 단어 하나 틀리지 않고 정확하게 똑같은 평가를 내린다: "그 주인이 이르되 잘하였도다! 착하고 충성된 종아! 네가 적은 일에 충성하였으매, 내가 많은 것을 네게 맡기리니, 네 주인의 즐거움에 참여할지어다 하고"(마 25: 21, 23) 주인은 잘 했다고 칭찬하면서 평가를 시작한다. 이들은 착하고 충성된 종이라고 칭찬을 들었다. 문맥의 내용으로 보면, 착하다는 것은 주인의 부르심에 즉각적으로 순종했다는 것이고, 충성하였다는 것은 주어진 일을 지혜롭게 열정적으로 열심히 했다는 의미이다. 이들의 충성스런 순종과 헌신에 대한 상급은 주인의 즐거움에 참여하는 것이다. 착하고 충성스런 종들은 자기가 남긴 것뿐만 아니라, 처음에 받은 원금까지 받고, 주인의 잔치자리에 참여해서, 주인과 함께 즐거워하는 영광을 누리게 된다.

그러나 주인의 뜻을 무시하고, 자기 생각대로 자기 결정권을 행사한 종에 대한 평가는 전혀 다르다. 불순종한 종의 여러 가지 이유에도 불구하고, 주인은 "악하고 게으른 종"(마 25:26)이라고 평가를 시작한다. 악하다는 것은 앞에서 말한 착한 것과 반대되는 개념이다. 주인의 부르심에 즉각적으로 순종한 것이 착한 것이라면, 악한 것은 주인의 부르심에 불순종한 것이다. 게으르다는 것은 자기에게 맡겨진 것을 활용하지 않고, 땅에 묻어두고 아무 일도 하지 않았다는 것이다. 악하고 게으른 종은 상급을 받은 것이 아니라, 오히려 벌을 받았다. 자기가 맡았던 것도 다 빼앗기고, 바깥 어두운 데로 쫓겨나서 거기서 슬피 울며 이를 갈게 될 것이라고 선포한다.

주인의 부르심에 착하고 충성되게 반응한 사람은 주인의 즐거움에 참여하는 은혜와 복을 누리지만, 악하고 게으르게 반응한 사람은 주인의 집에서 쫓겨나서 영원히 고통을 당하는 저주를 받게 된다. 우리가 하나님의 부르심에 즉각적으로 반응하는 영성을 훈련해야 하는 이유와 목적이 바로 여기에 있다.

달란트 비유에서 알 수 있듯이 영성 훈련의 첫 번째 목적은 하나님의 부르심에 즉각적으로 순종하기 위해서 순발력을 증진시키는 것이다. 우리를 부르신 하나님의 뜻을 정확하게 알고, 하나님의 의도에 맞게 반응하는 것이 즉각적인 순종이다. 한 달란트 받은 자는 주인의 뜻을 제대로 파악하지 못하고, 자기 생각대로 행동했다. 그것은 부르심에 대한 반응이 아니라, 부르심을 무시하고 자기 마음대로 행동한 것이다.

　　영성 훈련의 두 번째 목적은 하나님의 즐거움에 참여하기 위함이다. 하나님과 함께 영원한 생명과 영원한 영광을 누리면서, 영원히 즐거워하는 것이 이 땅에 살아가는 모든 사람들의 궁극적인 소망이요, 삶의 목적이다.

　　영성 훈련의 목적은 하나님의 부르심에 착하고, 충성스럽게 순종하는 순발력을 증진시키는 것이다. 순발력은 훈련으로 증진된다. 순발력이 훈련으로 증진된다는 말을 예를 들어서 설명하면, 탁구를 즐기기 위해서 레슨 받는 것으로 설명할 수 있다. 탁구를 처음 시작하는 사람은 탁구공이 넘어오는 것에 제대로 반응하지 못한다. 공이 조금만 빠르게 넘어오면, 반응이 늦어서 공이 지나간 다음에 라켓을 내밀게 된다. 순발력이 엄청나게 떨어지는 것이다. 그러나 오랜 시간 연습을 하면, 나중에는 공이 눈에 잘 보이지 않을 정도로 빨리 넘어와도 정확하게 반응하여 공을 받아 넘긴다. 훈련을 통해서 반응하는 순발력이 증진된 것이다. 영적인 훈련도 마찬가지이다. 하나님의 부르심에 즉각적으로 반응하는 영적 순발력도 훈련을 통해서 길러지는 것이다.

영성 훈련의 실천적 방법

영성 훈련의 첫 번째 실천적인 방법은 부지런히 하나님의 뜻을 구하는 것이다. 말씀을 통해서 하나님의 뜻을 찾고, 기도로 하나님의 뜻을 구하는 것이다. 하나님의 뜻을 제대로 분별하지 못하면, 한 달란트 받은 자처럼 엉뚱하게 반응하게 된다. 그래서 로마서는 믿음으로 구원받는다는 복음의 원리를 설명하고 나서, 구원의 원리를 적용하는 첫 부분에서, "이 세대를 본받지 말고 하나님의 선하시고, 기뻐하시고, 온전하신 뜻이 무엇인지 분별하도록 하라고 권면한다."(롬 12:2) 하나님의 부르심에 지혜롭게 반응하기 위해서는 하나님의 말씀을 통해서 우리를 향하신 하나님의 뜻이 무엇인지를 부지런히 찾아야 한다.

계시된 말씀을 통해서 하나님의 뜻을 찾을 뿐만 아니라, 기도를 통해서 하나님의 인도하심을 구해야 한다. 기도는 하나님과 교통하는 방법임과 동시에 자신의 마음을 비워서 하나님께 드리는 과정이다. 기도를 통하여 하나님의 뜻을 구하고, 나의 소원을 아뢰지만, 기도의 마지막 결론은 하나님의 뜻에 나를 쳐서 복종시키는 것이다. 내 마음을 비워서 하나님께 드림으로 나를 통하여 하나님의 뜻이 이루어지도록 하나님의 결정권에 자신을 전적으로 위탁하는 것이다.

자기의 소원이 아니라, 하나님의 뜻을 구하는 기도의 대표적인 예는 겟세마네 동산에서 기도하시던 예수님의 모습에서 찾을 수 있다. 예수님은 십자가의 고통과 죽음을 앞에 두고 처절하게 기도했다. 죽음의 고통이 지나가기를 기도했다. 그러나 예수님 기도의 결론은 이것이다: "그러나 나의 원대로 마시옵고, 아버지의 원대로 하옵소서."(마 26:39) 기도는 자기의 소원, 자기의 결정권을 요구하는 것이 아니라, 하나님의 뜻, 하나님의 결정권이 이루어지도록 구하는 것이다. 간단히 말하면, 기도는 나의 소원을 구하는 것이 아니라, 하나님의 뜻이 이루어지기를 구하는 것이다. 이것이 앞에서 설명한 영성의 정의에 맞는 기도이다.

영성 훈련의 두 번째 실천적인 방법은 자기 몸을 잘 훈련시켜서, 하나님의 뜻을 이루는 충성스런 도구로 사용하는 것이다. 바울 사도는 영적 훈련을 운동 경기에 비유하여 설명한다.(고전 9:24-27) 바울은 썩지 아니할 면류관을 얻기 위하여, 자신을 절제하고, 훈련하라고 권고한다. 자기 몸을 쳐서 복종하게 하라고 권고한다. 바울 사도가 말하는 영적인 훈련의 목표는 썩지 아니할 면류관을 얻기 위함이다.(고전 9:24) 훈련시켜야 할 대상은 자기 자신이다: "내가 내 몸을 쳐 복종하게 함은 내가 남에게 전파한 후에 자신이 도리어 버림을 당할까 두려워함이로다."(고전 9:27) 운동 경기를 하는 사람이 달음질하기를 방향 없이 하지 아니하고, 싸우기를 허공을 치는 것같이 하지 아니하듯이, 영성 훈련도 하나님의 부르심이라는 분명한 목표를 향해서 정확하게 반응하는 것이다. 그러기 위해서는 자기 몸을 잘 훈련시켜서, 하나님의 뜻을 이루는 도구로 사용하는 것이다. 육체적인 훈련이 절제와 끊임없는 연습을 통해서 목표에 대한 민첩성을 높이는 것이듯이, 영적인 훈련도 하나님의 부르심에 반응하는 민첩성을 높이기 위해서 끊임없이 자신을 살피고 절제해야 할 뿐만 아니라, 부지런히 하나님의 뜻을 구하고 실천하는 지속적인 노력과 연습이 필요하다.

영성 훈련의 완성은 자기 몸을 잘 훈련시키는 것이다. 말씀을 묵상하고 실천하는 것도, 기도하는 것도, 하나님을 향한 사랑을 실천하는 것도, 그 어느 것 하나 몸이 따라주지 않고 생각만으로 되는 것이 있는가? 아무리 좋은 계획과 비전을 가지고 있어도 몸이 따라주지 않으면 아무것도 할 수 없다. 야고보서가 말씀한 대로, 몸으로 실천하는 행함이 없는 믿음은 죽은 것이다.(약 2:17) 그래서 바울 사도도 자기 몸을 쳐서 복종하게 하는 것을 영성 훈련의 가장 중요한 부분으로 생각하였다.(고전 9:27)

부르심에 대한 반응은 이론이 아니라, 실천이다. 믿음은 이론이 아니라 실천이다. 예수님도 제자들에게 이 점을 강조하셨다. 예수님께서 마지막 유월절에 제자들과 만찬을 나누시던 중에 자리에서 일어나서 겉옷을 벗고 수건을 허리에 두르시고 제자들의 발을 씻기기 시작하였다. 예수님의 행동에 제자들이 당황하여 어리둥절했지만, 예수님은 제자들의 발을 다 씻겨 주셨다. 그리고 마지막에 이렇게 말씀하셨다: "내가 너희에게 행한 것같이 너희도 행하게 하려 하여 본을 보였노라."(요 13:15) 누가복음 10장에서는 예루살렘에서 여리고로 내려가다가 강도 만난 사람을 도와준 선한 사마리아인의 비유를 말씀하시고, 마지막에 제자들에게 이렇게 명령하셨다: "예수께서 이르시되, 가서 너도 이와 같이 하라 하시니라."(눅 10:37) 영성 훈련의 가장 중요한 요소는 하나님의 부르심에 즉각적으로 반응할 수 있도록 자기 몸을 쳐서 복종시키는 것이다.

영성 훈련은 반응 훈련이다

부르심에 반응하는 순발력은 반복적인 훈련으로 증진된다. 배우고 깨달은 것을 몸으로 자연스럽게 실천할 때까지 반복하는 것이다. 훈련은 반복하는 연습이다. 예수님은 승천하시면서 제자들에게 이렇게 명령하셨다: "내가 너희에게 분부한 모든 것을 가르쳐 지키게 하라."(마 28:20) 가르쳐 지키게 하는 것은 몸에 배일 때까지 반복적으로 연습하고, 훈련하는 것을 포함한다. 왜 반복적인 훈련이 필요한지는 긴 설명이 필요 없을 것이다. 우리는 '제자 훈련'이라는 말을 너무나 많이 들었다. 하나님의 부르심에 즉각적으로 순종하고, 하나님의 결정권에 철저하게 순종하는 예수님의 모습을 닮아가기 위해서는 반복적인 훈련이 필요하다.

훈련은 끊임없이 반복하는 연습이 필요하지만, 동시에 포기하지 않고 지속적으로 연습하는 꾸준함이 요구된다. 바울 사도는 자신을 쳐서 하나님의 뜻에 복종시키는 지속적인 훈련의 과정을 이렇게 고백한다: "내가 이미 얻었다 함도 아니요, 온전히 이루었다 함도 아니라, 오직 내가 그리스도 예수께 잡힌바 된 그것을 잡으려고 달려가노라. 13) 형제들아 나는 아직 내가 잡은 줄로 여기지 아니하고, 오직 한 일 즉 뒤에 있는 것은 잊어버리고, 앞에 있는 것을 잡으려고, 14) 푯대를 향하여 그리스도 예수 안에서 하나님이 위에서 부르신 부름의 상을 위하여 달려가노라."(빌 3:12-14)

영성은 하나님의 부르심에 즉각적으로 순종하는 성향이다. 영성 훈련은 하나님의 부르심에 즉각적으로 순종하기 위한 순발력을 증진시키는 것이다. 즉각적으로 반응하는 순발력을 증진시키기 위해서는 반복적인 연습과 포기하지 않는 지속적인 훈련이 필요하다. 마치 코치로부터 탁구나 테니스 레슨을 받는 것과 같다. 탁구나 테니스 실력이 게임을 즐길 수 있는 수준에 이르기 위해서는 오랜 시간 꾸준하고 반복적인 연습과 훈련이 필요하다. 영성 훈련도 마찬가지이다.

영성은 하나님의 부르심에 즉각적으로 반응하는 성향이기 때문에, 영적인 삶은 하나님과 탁구를 치거나 테니스를 치는 것에 비유할 수 있다. 내가 공을 치고 싶은 자리에서 내 마음대로 치는 것이 아니라, 하나님이 공을 넘겨주는 방향으로 가서, 공의 위치와 성질에 맞게 몸의 자세를 취하고 공을 받아 넘겨야 한다. 이것이 하나님의 부르심에 즉각적으로 반응하는 순발력이다. 공이 넘어오는 방향으로 빨리 가서 공을 잘 받아 넘기는 수준에 이르기 위해서는 오랜 시간 지속적인 연습과 훈련이 필요하다. 이 원리는 하나님과 동행하며 살아가야 하는 우리의 전체 삶에 동일하게 적용된다.

영성 훈련은 우리의 삶의 전 영역에서 하나님의 부르심에 즉각적으로 순종하는 반응 훈련이다. 말씀과 기도로 마음을 훈련시키고, 절제와 인내로 몸을 훈련시키는 지속적인 연습의 과정이다.

되새김질을 위한 질문

1. 넓은 의미에서의 영성의 정의는 무엇입니까?

2. 좁은 의미에서의 영성의 정의는 무엇입니까?

3. 실천적 의미에서의 영성의 정의는 무엇입니까?

4. 결정권에 초점을 맞춘 영성의 정의는 무엇입니까?

5. 영성 훈련의 목적을 두 가지로 간단히 정리해 봅시다.

6. 영성 훈련의 두 가지 목적은 자신의 삶에 어떤 동기를 부여합니까?

7. 영성 훈련의 실천적 방법을 두 가지로 정리해 봅시다.

8. 영성 훈련의 두 가지 실천적 방법을 구체적으로 실천하기 위해서는 자신의 습관을 어떻게 바꾸어야 되겠습니까?

Chapter Four

4
나의 습관이
나의 영성이다

잘못된 영성은 인생을 허비한다
잘못된 영성은 잘못된 습관을 만든다
습관을 리모델링하라
습관은 훈련으로 만들어진다.
나의 습관이 나의 영성이다

4

영성은 하나님의 부르심에 반응하는 인간의 성향이라고 정의하였다. 우리는 하나님의 청지기로 부름을 받았기 때문에, 우리가 생각하고 행동하는 모든 일은 전적으로 하나님의 부르심에 대한 적절한 반응이어야 한다. 하나님의 부르심에 어떻게 반응하느냐는 전적으로 자신의 준비상태에 달려 있다. 하나님의 부르심에 반응할 준비가 된 사람은 즉각적으로 충성스럽게 반응할 것이다. 그러나 준비되지 않는 사람은 하나님의 부르심에 제대로 반응하지 못할 뿐만 아니라, 하나님의 부르심 자체를 인식하지 못할 수도 있다. 하나님의 부르심에 전혀 반응하지 못하는 상태를 '영적으로 잠들었다,' 혹은 '영적으로 죽었다'고 표현할 수 있다. 깨어 있는 영성은 하나님의 부르심에 즉각적으로 반응하는 영성이다.

    하나님의 부르심에 즉각적으로 반응하는 성향은 타고난 부분도 있지만, 대부분 연습과 훈련을 통해서 증진된다. 그래서 훈련이 필요한 것이다. 영성 훈련은 하나님의 부르심에 즉각적이고도,

적절하게 반응하기 위해서 자신을 준비시키는 과정이다. 부르심에
반응하는 훈련은 이론이 아니라, 실천이다. 이론적으로 아무리
잘 알고 있어도 행동하지 않으면, 반응은 일어나지 않은 것이다.
하나님의 부르심에 대한 반응은 실천적 행동으로 완성된다. 따라서
영성 훈련은 하나님이 기대하는 반응이 일어나도록 반복적으로
연습하는 실천 훈련이다.

반복적인 훈련은 습관을 만들어낸다. 행동을 반복하면, 습관이
되고, 습관을 반복하면, 성향이 된다. 하나님의 부르심에 반응하는
행동을 반복하면, 그것이 자신의 습관이 되고, 습관이 지속되면
자신의 성향이 된다. 다른 말로 표현하면, 하나님의 부르심에
지속적으로 반응하는 성향은 반복적인 행동과 연습을 통해서
만들어진 습관이다. 이런 의미에서, 나의 영성은 하나님의 부르심에
반응하는 나의 습관이다. 하나님의 부르심에 반응하는 나의 습관이,
곧 나의 영성이다.

잘못된 영성은 인생을 허비한다

영성은 하나님의 부르심에 반응하는 성향이며, 하나님의 부르심에
반응하는 습관이다. 청지기로 부름을 받은 우리가 하나님의
부르심에 잘못 반응한다면 어떻게 되겠는가? 하나님이 기대하시는
목표에 도달할 수가 없다. 하나님이 기대하시는 목표에 도달하지
못한다는 것은 청지기로서의 사명을 수행하는 데 실패한다는

것이다. 하나님은 우리의 일상생활 속에서 순간순간 청지기적 사명으로 부르신다. 그런데 그 부르심을 깨닫지 못하고, 아무런 반응도 하지 못한다면, 하나님께서 우리에게 주신 기회와 시간을 전혀 활용하지 못하고 무의미하게 흘러 보내는 것이다. 주어진 기회를 활용하지 못하고 쓸데없이 흘려보내는 것은 그 만큼 인생을 허비하는 것이다.

부르심 자체를 깨닫지 못하고 아무런 반응도 하지 않는 것이 인생을 허비하는 대표적인 유형이라면, 인생을 허비하는 또 다른 유형은 잘못 반응하는 것이다. 물론 부르심을 깨닫지 못하고 아무런 반응을 하지 않는 것도 부르심에 잘못 반응하는 것이다. 적극적인 면에서, 잘못 반응한다는 것은 하나님의 부르심을 인식은 했지만, 하나님이 기대하시는 것과는 다르게 자기 생각대로 반응하는 것이다. 하나님의 부르심을 인식하고서도 잘못 반응한 대표적인 사람이 달란트 비유(마 25장)에서 한 달란트 받은 자이다. 한 달란트 받은 자는 받은 달란트를 즉각적으로 활용한 다섯 달란트 받은 자와 두 달란트 받은 자와는 다르게 받은 달란트를 활용하지 않고 땅 속에 묻어 두었다. 나중에 달란트를 맡긴 주인은 그의 인생을 평가할 때, 그는 '악하고 게으른 종'이라는 평가를 받았다. 주인의 즐거움에 참여하지 못하고, 영원한 고통과 탄식의 자리로 쫓겨났다. 주인의 의도와는 전혀 다르게 자기 생각대로 잘못 반응한 한 달란트 받은 자는 결과적으로 인생 전체를 낭비하고 말았다.

하나님의 부르심을 제대로 깨닫지 못하고 자기 마음대로, 자기 생각대로 반응하는 잘못된 영성은 인생 전체를 허비하게 만든다. 자기 스스로는 많은 것을 이루었다고 평가할지 모르지만, 우리를 창조하시고 부르신 하나님의 평가를 받을 때는 악하고 무익한 종이라는 평가를 피할 수 없다. 우리가 분명히 알아야 할 것은 우리 인생에 대한 최종적 평가는 내가 하는 것이 아니다. 인생의 마지막 평가는 우리를 창조하시고, 청지기로 부르신 하나님의 몫이다. 하나님의 부르심에 어떻게 반응하든 그것은 우리의 자유이다. 그러나 우리의 반응에 대한 평가는 창조자 하나님의 고유 권한이다. 그렇기 때문에, 하나님의 부르심에 맞지 않게 반응하는 모든 행동은 인생을 허비하는 것이다.

간단한 예를 들어서 설명하면 이렇다. 시험을 보는 학생이 문제지를 받아 들고 답안지를 어떻게 작성하든지 그것은 그 학생의 자유이다. 시험 준비를 충분히 한 학생은 출제자의 의도를 정확히 파악하고, 출제자의 의도에 맞게 답안을 작성할 것이다. 그러나 준비를 제대로 하지 못한 학생은 출제자의 의도를 제대로 파악하지 못하고, 자기가 추측하는 답안을 작성할 것이다. 어떤 답안을 작성하든지 그것은 수험생의 자유이다. 그러나 그 답안을 채점하는 것은 출제자의 몫이다. 시험 성적은 답안지를 작성한 수험생의 평가 결과가 아니라, 출제자의 평가 결과이다. 인생에 대한 평가도 마찬가지이다. 어떻게 반응하든, 하나님의 부르심에 반응하는 것은 인간의 자유이다. 그러나 인생의 마지막 평가는 우리를 창조하시고, 청지기로 부르신 하나님의 고유 권한이다.

아담이 하나님께 불순종한 이후에 모든 사람들은 하나님의 부르심에 적절하게 반응하지 않고, 자기들의 생각대로 판단하고 행동한다. 이것은 시험지를 받아 든 수험생이 출제자의 의도를 정확하게 파악하지 못하고, 자기의 생각대로 답안지를 작성하는 것과 같다. 그렇게 하고서 좋은 성적을 기대하는 것은 어리석은 행동이다. 그런데 성경은 아담 이후의 인간이 살아가는 모습이 하나같이 어리석다고 말씀한다: "하나님을 알되, 하나님을 영화롭게도 아니하며, 감사하지도 아니하고, 오히려 그 생각이 허망하여지며, 미련한 마음이 어두워졌나니, 22) 스스로 지혜 있다 하나 어리석게 되어, 23) 썩어지지 아니하는 하나님의 영광을 썩어질 사람과 새와 짐승과 기어 다니는 동물 모양의 우상으로 바꾸었느니라."(롬 1:21-23)

잘못된 영성이 인생 전체를 허비하게 만드는 이유는 방향을 잘못 잡았기 때문이다. 영성이 잘못되었다는 것은 반응하는 방향이 잘못되었다는 것을 의미한다. 어떤 행동을 하든지 방향을 잘못 잡으면, 행동하는 만큼 손해를 보게 된다. 고속도로에서 동쪽으로 가야 되는데, 방향을 잘못 들어서 서쪽으로 달려간다면, 달려가는 것만큼 시간과 에너지를 낭비하게 된다. 시간이 급하다고 빨리 달리면, 빨리 달리는 것만큼 더 손해를 보게 된다. 하나님이 부르신 뜻을 제대로 깨닫지 못하고 자기의 생각대로 반응하고, 행동하는 사람은 고속도로에서 방향을 잘못 잡고 달리는 사람과 같다.

아담이 하나님의 명령에 불순종함으로써 하나님의 부르심에 적절하게 반응하는 영성이 깨어졌다. 아담은 하나님과 교제할 수 있는 하나님의 형상대로 창조되었다. 에덴에서 하나님과 아름다운 교제 가운데서 하나님의 부르심을 따라 동물들의 이름도 지었고, 가정도 이루었다. 그런데 선악을 알게 하는 나무의 열매를 먹지 말라는 하나님의 명령을 어김으로 인해서 하나님과의 아름다운 관계가 깨어졌다. 하나님의 부르심에 즉각적으로 달려 나가야 할 아담이 오히려 하나님을 두려워하여 피하고, 숨어버렸다: "여호와 하나님이 아담을 부르시며, 그에게 이르시되, 네가 어디 있느냐? 10) 이르되, 내가 동산에서 하나님의 소리를 듣고, 내가 벗었으므로 두려워하여 숨었나이다."(창 3:9-10)

영성이 깨어졌다는 것은 하나님의 부르심에 적절하게 반응하지 못하는 상태가 되었다는 것을 의미한다. 잘못된 영성, 깨어진 영성을 가지고 살아가는 사람들은 인생 전체를 낭비하게 된다. 아담의 삶에 대한 하나님의 마지막 평가는 죽음으로 끝났다: "네가 흙으로 돌아갈 때까지 얼굴에 땀을 흘려야 먹을 것을 먹으리니, 네가 그것에서 취함을 입었음이라. 너는 흙이니, 흙으로 돌아갈 것이니라 하시니라."(창 3:19) 하나님의 부르심에 적절하게 반응하는 영성이 깨어진 결과로, 아담은 인생 전체를 낭비한 것이다.

깨어진 영성으로 인하여 인생을 허비하는 것은 아담 하나로 끝나는 것이 아니라, 아담 이후의 모든 사람들에게 나타나는 공통적인 현상이다. 동생 아벨을 죽인 가인이 그러했다: "땅이 그 입을 벌려 네 손에서부터 네 아우의 피를 받았은즉, 네가 땅에서 저주를 받으리니, 12) 네가 밭을 갈아도 땅이 다시는 그 효력을 네게 주지 아니할 것이요, 너는 땅에서 피하며, 유리하는 자가 되리라."

(창 4:11-12) 홍수로 멸망당한 노아 시대 사람들의 삶이 그러했고(창 6장), 홍수 이후에도 하나님의 뜻을 바로 깨닫지 못하고, 하나님과 대적하려고 바벨탑을 쌓은 사람들의 삶이 그러했다.(창 11장) 이들은 하나같이 깨어진 영성을 가지고, 하나님께 잘못 반응하다가 인생 전체를 낭비한 사람들이다. 인간을 하나님의 형상대로 창조하시고, 청지기로 부르신 하나님의 마지막 평가에서 바깥 어두운 데로 쫓겨나서 슬피 울며 이를 갈게 되었다.

잘못된 영성은 잘못된 습관을 만든다

일반적으로 말하면, 영성은 절대적인 존재나 가치에 반응하는 마음의 성향이기 때문에, 잘못된 존재나 가치에 반응하는 잘못된 영성은 잘못된 습관을 만든다. 사람의 습관이나 성향은 자기가 좋아하는 것이나, 절대적인 가치를 가지고 있다고 생각하는 것에 대한 마음의 열정과 헌신의 표현이다. 잘못된 가치나 대상에 마음을 빼앗기고 집중한다면, 잘못된 행동이 나올 수밖에 없다. 이런 잘못된 행동은 잘못된 습관이 되고, 잘못된 습관은 잘못된 성향을 만든다. 나쁜 영성이란 잘못된 가치관이나 존재에 대한 마음의 열정이 만들어낸 잘못된 습관이며, 좋은 영성이란 올바른 가치관이나 존재에 대한 마음의 열정이 만들어낸 좋은 습관이다. 이런 의미에서, 잘못된 영성은 잘못된 습관을 만든다.

  잘못된 영성은 열정을 가지고 헌신해야 할 가치나 대상을 잘못 정한 것이다. 가음과 뜻과 정성을 다해서 사랑하고 헌신해야 할 대상은 우리를 창조하시고, 청지기로 부르신 하나님이시다. 우리 마음에 하나님이 있어야 할 자리를 하나님이 아닌 다른 것이 차지하고 있다면, 그것은 잘못된 영성이다.

잘못된 영성은 하나님이 있어야 할 자리에 자신을 올려놓는 것에서부터 시작된다. 인간의 타락은 청지기로 부르심을 받은 인간이 청지기의 자리를 벗어나서 주인이 되려고 하는 데서 시작되었다. 아담이 하나님과 같이 되려는 마음에서 하나님의 명령에 불순종하고 죄를 범하였다.(창 3:5) 하나님보다 자신을 더 사랑하고, 하나님보다 자신을 더 높이고, 하나님보다 자신에게 더 헌신하는 것이 잘못된 영성의 출발이다. 하나님의 자리에 여러 가지 우상을 올려놓는 것도 자기 자신을 높이고 사랑하는 하나의 방법에 지나지 않는다. 수많은 우상 숭배도 인간이 하나님을 떠나서 자기를 높이는 결과로 나타난 현상이다.(호 13:1; 롬 1:21-23)

하나님의 자리에 자신을 올려놓는 잘못된 영성은 두 가지 두드러진 행동양식으로 나타난다. 첫 번째는 자기를 높이는 것이다. 아담이 타락하게 된 가장 근본적인 동기는 자신이 하나님과 같이 되려고 자기를 높이는 것이었다. 바벨탑을 쌓은 사람들의 모습에서 자기를 높이는 것이 아담이 타락한 이후에 인간의 보편적인 성향이 되었다는 것을 알 수 있다: "또 말하되 자, 성읍과 탑을 건설하여 그 탑 꼭대기를 하늘에 닿게 하여, 우리 이름을 내고, 온 지면에 흩어짐을 면하자 하였더니."(창세기 11:4절) 타락한 사람들의 일반적인 성향은 자기 이름을 드러내고, 자기를 높이기 위해서 모든 수단과 방법을 동원해서 하나님께 저항하고 불순종한다.

    잘못된 영성이 행동으로 표현된 두 번째 특징은 자신의 즐거움을 추구하는 것이다. 잘못된 영성이 추구하는 즐거움은 특별히 육체적인 즐거움에 집중된다. 이런 특징은 뱀의 유혹을 받은 후에 선악과를 바라보는 하와의 고백에 잘 나타나 있다.(창 3:6) 이런 마음의 성향이 두드러진 행동으로 표현된 것이 노아 시대 사람들의 행동 양식이다: "하나님의 아들들이 사람의 딸들의 아름다움을 보고 자기들이 좋아하는 모든 여자를 아내로 삼는지라."(창 6:2) 자기를 높이고, 자신의 즐거움을 추구하는 잘못된 영성은 먹고 마시고 즐기는 습관을 만든다. 이런 잘못된 습관은 결과적으로 하나님의 심판을 받아서 인생을 통째로 낭비하게 만들었다: "홍수 전에 노아가 방주에 들어가던 날까지 사람들이 먹고 마시고 장가들고 시집가고 있으면서, 39) 홍수가 나서 그들을 다 멸하기까지 깨닫지 못하였으니, 인자의 임함도 이와 같으리라."(마 24:38-39) 간단히 말하면, 잘못된 영성은 잘못된 습관을 만들고, 잘못된 습관은 인생을 통째로 낭비하게 만든다.

에베소서 5장 18절은 잘못된 영성이 만들어낸 습관과 올바른 영성이 만들어낸 습관을 대조시키고 있다. 육체적 쾌락을 추구하는 잘못된 영성이 만들어낸 습관을 '술 취함'으로 표현한다. 에베소서에서 말하는 술 취함은 술에 취해 있는 현상 그 자체보다는 그로 인한 무절제하고 방탕한 생활을 강조한다. 누가복음 15장에 기록된 탕자의 비유에서 아버지를 떠난 탕자가 이방 땅에서 허랑방탕하게 생활하는 그런 모습을 말하는 것이다. 하나님을 떠나서 자기의 즐거움을 추구하는 습성은 무절제와 방탕한 생활에 빠지게 하고, 결국에는 인생을 낭비하게 만든다.

    육체적 쾌락을 추구하는 습성인 술 취함과 반대되는, 올바른 영성이 만들어 낸 생활습관은 '성령의 충만'을 받는 것이다. 술에 취하면, 술이 우리의 몸과 생각과 행위를 주장하듯이, 성령의 충만을 받은 자는 성령이 우리의 몸과 마음과 행동을 주관한다. 성령의 충만함을 받은 자는 성령의 인도하심을 따라 생활하게 된다. 성령의 인도하심을 따라 살아가는 삶은 하나님의 부르심에 적절하게 반응하면서 살아가는 삶이다. 따라서 성령의 충만함을 받은 사람은 인생을 허비하는 어리석은 자가 아니라, 세월을 아끼고 기회를 잘 활용하는 지혜로운 청지기로 살아가는 사람이다.(엡 5:15-18)

    하나님의 뜻을 무시하고 자기 뜻대로, 자기의 즐거움을 추구하며 살아가는 사람들은 하나님의 부르심에 제대로 반응할 수가 없다. 하나님의 부르심에 반응할 수 없는 사람들은 올바른 영성을 잃은 사람이다. 올바른 영성을 잃은 사람들은 인생의 방향을 잃어버린 사람들이다. 방향을 잃어버린 잘못된 영성이 하나님의 뜻을 무시하고 자신을 높이며, 자신의 즐거움을 따라 행동하는 잘못된 습관을 만들고, 하나님을 무시하는 잘못된 습관이 인생을 통째로 낭비하게 만든다.

습관을 리모델링하라

인생을 허비하지 않고 지혜로운 청지기로 살아가기 위해서는 과거에 가졌던 잘못된 영성이 내 안에 만들어 놓은 잘못된 습관을 고쳐야 한다. 회개와 거룩함은 한 번의 승리로 완성되는 것이 아니라, 나쁜 습관을 고쳐가는 지속적인 과정이다. 술 취함으로 대표되는 육체적 쾌락을 추구하는 방탕한 생활습관을 벗어버리고, 성령의 충만함을 입어야 한다.

　잘못된 옛 습관을 버리고 새로운 습관을 만들어 가는 과정을 에베소서 4장에서는 '옛 사람을 벗어버리고'(22절) '새 사람을 입으라'(23절)는 말로 표현한다. 사람의 변화를 습관의 옷을 갈아입는 것으로 표현하고 있다. 사람을 변화시키는 것은 습관을 리모델링하는 것이다. 잘못된 영성이 잘못된 습관을 만들어내듯이, 잃어버린 영성을 회복하는 구체적이고 실천적인 방법은 습관을 리모델링하는 것이다. 에베소서 4장(22-24절) 말씀을 참고하면, 습관을 리모델링하는 과정을 3개의 명령으로 정리할 수 있다.

　첫 번째 명령은 '옛 사람을 벗어 버리라'는 것이다.(22절) 옛 사람은 유혹의 욕심을 따라 썩어져 가는 옛 습관을 따르는 사람을 말한다. 습관과 사람을 동일시하고 있다. 습관과 사람을 동일시하고 있기 때문에, 옛 사람을 벗어 버리라는 말은 옛 습관을 벗어버리라는 말이다.

　옛 습관을 따라가는 옛 사람의 특징은 마음의 허망한 생각을 따라 행동하는 것이다.(17절) 마음의 허망한 생각이라는 것은 총명이 어두워져서 진리를 깨닫지 못하는 것이다. 허망한 생각을 따라 행동하는 사람들은 자기 스스로는 대단히 똑똑하고 지혜롭다고 생각하지만, 실상은 영원한 하나님을 알지 못하고, 아침 안개와 같이 사라져버리는 것들에 생명을 걸고 살아가는 사람들이다. 하나님을 잊어버리고 눈에 보이는 것에 생명을 걸고 살아가는 사람들은 결과적으로 '감각 없는 자가 되어 자신을 방탕에 방임하여 모든 더러운 것을 욕심으로'(엡 4:19) 행하게 된다. 하나님을 알지 못하는 마음의 허망한 생각은 허망한 행동으로 나타나며, 허망한 행동은 허망한 습관으로 나타난다. 허망한 습관은 썩어져 가는 것들에 생명을 걸고 살아가는 허망한 영성의 표현이다. 인생을 허비하게 만드는 허망한 영성을 고치기 위해서는 옛 사람이 입고 있는 허망한 습관을 벗어 던져야 한다.

두 번째 명령은 '심령을 새롭게 하라'는 것이다.(23절) 마음의 생각을 바꾸라는 말이다. 세상의 헛된 영광을 추구하는 허망한 생각을 버리고, 예수 그리스도를 통하여 보여주신 진리의 말씀을 따라 마음의 생각을 바꾸라고 말씀한다.(21절) 마음의 허망한 생각을 따라 행동하지 말고, 진리의 말씀을 따라 우리의 잘못된 생각을 교정하라는 것이다. 이런 면에서, 성경을 안경에 비유할 수 있다. 눈이 어두워져서 사물을 정확하게 볼 수 없는 사람은 안경을 통하여 시력을 교정해야 사물을 정확하게 볼 수 있다. 마찬가지로, 마음의 생각이 허망하여져서 자신을 방탕에 방임하여 모든 더러운 것을 욕심으로 행하는 옛 습관을 가진 사람은 허망하게 된 마음의 생각을 진리의 안경을 통하여 새롭게 교정해야 한다. 이것이 진리를 통하여 우리의 심령을 새롭게 하는 방법이다.

세 번째 명령은 '새 사람을 입으라'는 것이다: "하나님을 따라 의와 진리의 거룩함으로 지으심을 받은 새 사람을 입으라."(24절) 여기서 새 사람을 입는다는 것은 예수 그리스도를 닮아가는 것을 의미한다. 썩어져 가는 허망한 것을 따라 행동하던 옛 사람을 벗어버리고, 예수 그리스도로 옷을 갈아입으라고 말씀한다. 옛 사람을 벗어버리고, 새 사람을 입으라는 말은 하나님을 잊어버리고 살아가는 잘못된 습관을 버리고 예수 그리스도를 닮아가는 새로운 습관을 입으라는 말이다. 예수 그리스도를 닮아 가는 것은 예수님의 성품을 닮아 가는 것이다. 예수 그리스도를 닮아 가는 것은 예수님의 생각을 따라 생각하는 것이며, 예수님의 행동을 따라 행동하는 것이다. 간단히 말하면, 새 사람을 입는 것은 예수님의 성품과 행동을 닮아가는 새로운 습관을 입는 것이다.

옛 습관을 벗어버리고 새로운 습관으로 갈아입기 위해서는 무엇보다도 먼저 생각을 바꾸어야 한다. 잘못된 생각이 잘못된 행동을 만들고, 잘못된 행동이 잘못된 습관을 만든다. 그렇기 때문에 잘못된 습관을 고치기 위해서는 먼저 생각을 바꾸어야 한다. 생각을 바꾼다는 것은 행동의 기준을 바꾸는 것이다. 행동을 이끌어 가는 기준이 마음의 허망한 생각과 욕심이 아니라, 진리의 말씀으로 기준을 바꾸라는 말이다. 마음의 기준이 바뀌면 행동은 달라지기 시작한다.

생각을 바꾸었다면, 그 다음 단계는 바뀐 생각을 행동으로 실천하는 것이다. 진리의 말씀을 듣고도 행동으로 실천하지 않는 사람은 거울을 보고도 자기의 잘못된 모습을 고치지 않는 사람과 같이 어리석은 사람이다. 잘못된 습관을 벗어버리고 새로운 습관을 입기 위해서는 새로운 행동이 습관이 되도록 지속적으로 반복해야 한다. 습관은 하루 이틀에 만들어지는 것이 아니다. 지속적인 연습을 통해서 만들어지는 것이다.

옛 습관을 벗어버리고 새로운 습관을 입는 과정을 간단히 정리하면 다음과 같다. 생각을 심으면 행동을 거두고, 행동을 심으면 습관을 거두고, 습관을 심으면 성품을 거둔다. 하나님께 반응하는 나의 성품이 곧 나의 영성이다. 따라서 하나님의 부르심에 적절하게 반응하는 나의 행동이 나의 습관을 만들고, 나의 습관이 나의 영성을 만든다.

습관은 훈련으로 만들어진다.

청지기의 삶은 전체가 하나님의 부르심에 반응하는 과정이기 때문에, 일상생활 속에서 하나님께 반응하는 습관은 영성의 구체적인 표현이다.

  아무리 작은 습관이라 하더라도 한 번 몸에 배인 습관은 고치기가 쉽지 않다. 우리 속담에, '세 살 버릇 여든까지 간다'는 말이 있다. 습관은 자기도 의식하지 못하는 사이에 생활의 일부로 굳어져서 지속적인 행동으로 나타난다. 뿐만 아니라, 습관은 고정된 것이 아니라 정해진 방향으로 점점 더 발전하는 성향을 가지고 있다. 좋은 습관이든 나쁜 습관이든 그 방향으로 점점 더 발전해 간다. 습관이 정해진 방향으로 발전해 가는 성향을 '바늘도둑이 소도둑 된다'는 속담으로 표현할 수 있다.

영성 훈련은 나쁜 습관을 버리고, 좋은 습관을 만들어가는 과정이다. 사람들은 누구나 크고 작은 습관을 가지고 있다. 그중에서는 좋은 습관도 있고, 나쁜 습관도 있다. 나쁜 습관과 좋은 습관을 구분하는 방법은 간단하다. 나쁜 습관은 생활 속에서 육체적으로 영적으로 나쁜 결과를 가져오는 습관이며, 좋은 습관은 좋은 결과를 가져오는 습관이다. 그렇기 때문에 나쁜 습관을 좋은 습관으로 바꾸지 않는 한, 삶의 변화는 있을 수 없다. 그래서 성경은 옛 습관을 따라가는 옛 사람을 벗어버리고, 새 사람을 입으라고 말씀한다.

습관을 바꾸는 일을 옷을 갈아입는 것에 비유한 것은 두 가지 의미가 있다. 하나는 그 사람의 습관이 그 사람의 성향과 정체성을 표현한다는 의미이다. 다른 하나는 습관은 몸에 배여서 삶의 일부가 되었기 때문에 그만큼 바꾸기가 힘들다는 의미이다. 그렇기 때문에 나쁜 습관을 벗어버리고, 새로운 습관을 만드는 것은 결코 쉬운 일이 아니다. 흔히 하는 말로 뼈를 깎는 아픔을 이겨내는 인내와 노력이 있어야 가능한 일이다.

습관을 바꾸는 것이 쉬운 일은 아니지만, 습관이 형성되는 과정을 파악하면 습관을 바꾸는 데 많은 도움을 얻을 수 있다. 모든 습관은 처음에는 의식적으로 결정하고 선택하는 행동이었지만, 그 행동을 오랜 기간 동안 반복하면서 자신도 모르는 사이에 지속적으로 반복되는 생활 패턴으로 굳어진 행동 습성이다.

뇌의 구조를 연구하는 학자들은 인간의 뇌를 양파처럼 세포가 층층이 쌓인 구조물이라고 설명한다. 우리가 의식적으로 생각하고 판단하는 선택은 두피에서 가장 가까운 바깥층에서 담당한다. 일상적인 대화를 하고, 학문을 연구하고, 발명품을 만들어내는 일들은 모두가 뇌에서 의식적인 영역을 담당하는 뇌의 바깥층에서 일어나는 일들이다.

의식적인 선택과 행동을 반복하면, 뇌의 기억이 의식적인 영역에서 무의식적인 영역으로 들어간다. 양파처럼 생긴 뇌의 안쪽으로 들어가면, 뇌가 척수와 만나는 뇌 줄기 가까운 쪽, 두개골의 가운데쯤에 골프 공 크기의 조직 덩어리가 있다고 한다. 이것을 뇌의 기저 핵 basal ganglia 이라고 부른다. 우리가 의식하지 못하는 가운데 일어나는 모든 무의식적인 행동들은 뇌의 기저 핵이 통제한다. 의식적인 행동을 지속적으로 반복해서 그 행동이 습관화되었다는 것은, 기억이 내면화되어서 무의식의 영역을 담당하는 뇌의 기저 핵이 행동 패턴을 기억해서 그 패턴대로 행동하도록 통제하게 되었다는 것을 의미한다. 습관화된 행동은 의식적 행동을 담당하는 뇌의 바깥층이 아니라, 무의식의 영역을 통제하는 기저 핵이 담당하기 때문에, 우리가 의식하지도 못하는 사이에 자연스럽게 일어난다.

습관은 의식적으로 판단해서 실행하던 행동이 무의식적으로 반복되는 생활패턴으로 내면화된 것이다. 〈습관의 힘 The Power of Habit〉이라는 책을 쓴 찰스 두히그 Charles Duhigg 의 설명에 의하면, 습관화된 행동은 대체로 3단계의 과정을 거쳐서 일어난다. 첫 번째 단계는 신호이다. 신호는 뇌에 어떤 습관을 사용하라고 명령하는 자극이다. 두 번째 단계는 반복적으로 나타나는 행동이다. 반복적인 행동은 외형적인 행동으로 나타나기도 하고, 내면적인 심리 상태나 감정의 변화로도 나타날 수 있다. 세 번째 단계는 보상이다. 보상은 뇌가 특정한 행동의 연결 고리를 앞으로도 계속 기억할 가치가 있는지를 판단하는 기준이다. 인간은 본성적으로 고통을 피하려는 습성이 있기 때문에, 반복 행동으로 주어지는 보상이 자신에게 고통스런 것이라면, 뇌는 이런 행동의 연결 고리를 기억하지 않으려고 할 것이다.

'신호-반복행동-보상'이라는 연결고리가 반복되면서 특정한 행동은 점점 기계적으로 변해간다. 이런 행동의 패턴을 일반적인 표현으로 '몸에 배인 습관'이라고 말한다. 몸에 배인 습관은 우리가 의식하지 못하는 사이에 자연스럽게 일어나는 행동이기 때문에, 어떤 습관을 벗어버리려고 의도적으로 노력하지 않으면, 그 습관은 결코 바뀌지 않는다. 그래서 의도적인 훈련과 노력을 하지 않으면 자연스럽게 세 살 버릇이 여든까지 간다.

습관을 바꾼다는 것은 '신호-반복행동-보상'의 연결 고리에서 '반복 행동'을 의식적으로 바꾸어 가는 노력과 훈련이다. 습관은 우리의 의식과는 상관없이 무의식적으로 나타나는 강력한 생활 방식이지만, 의식적으로 바꿀 수 있고, 의도적으로 새로운 습관으로 만들어갈 수 있다. 습관적인 행동이 일어나는 세 단계의 연결 고리에서 하나라도 바꾸면, 습관은 얼마든지 바꿀 수 있다. 새로운 습관을 유지하기 위해서 잊어서는 안 될 중요한 포인트는 새로운 행동을 유발하는 신호가 단순히 반복 행동을 유발하는 자극에 머물러서는 안 된다는 것이다. 신호가 반복 행동을 유발하는 자극제를 넘어서 보상을 열망하는 마음까지 불러 일으켜야 한다.

'신호-반복행동-보상'이라는 습관을 만드는(혹은, 습관을 바꾸는) 연결 고리를, 예를 들어서 설명하면 다음과 같다. 먹는 음식을 조절하고 관리하는 다이어트(식이요법)는 외모의 아름다움이나 건강에 대한 열망으로 생활 습관을 바꾸려고 노력하는 일련의 행동이다. 배고픔을 느낀다는 것은 우리 몸이 특정한 행동을 요구하는 신호를 보내는 것이다. 배고픔을 느낄 때, 음식을 먹게 된다. 어떤 음식을 오랜 시간 반복적으로 먹느냐에 따라서 그 사람의 식생활 습관이 결정된다. 배고픔을 느낄 때, 습관적으로 길들여진 음식을 먹게 될 것이다. 음식을 먹고 나면, 포만감이라는 보상을 받게 된다. 이런 습관의 연결고리는 우리가 태어나면서부터 시작해서 죽을 때까지 반복된다. 길들여진 식생활 습관을 통해서 건강이나 아름다움에 심각한 문제(질병과 고통)가 발생하면, 자신의 식생활 습관을 점검하게 된다. 그리고 건강과 아름다움에 대한 열망을 가지기 시작하면서부터, 자신의 식생활 습관을 바꾸려고 의식적으로 노력하게 될 것이다. 식생활 습관을 바꾸려고 의식하기 전이나 이후나 신호는 동일하다. 배고픔을 느낀다. 그러나 식생활 습관을 바꾸려고 의식적으로 노력하기 시작하면서부터는 음식을 먹는 반복 행동이 달라진다. 이전에는 습관적으로 좋아하던 음식이었다 하더라도, 비만과 여러 가지 질병을 유발하는 식품들은 멀리하고, 입에 맞지 않고 적응되지는 않았지만, 건강과 아름다운 외모를 가꾸는 데 좋은 식단을 찾아서 음식을 먹게 될 것이다.

다이어트나 체질 개선을 위해서 변화된 식단에 맞추어 음식을 먹는 것은 입맛에 적응되지 않았기 때문에 쉬운 일이 아니다. 의식적이고, 의지적인 노력과 훈련이 필요하다. 그러나 건강과 아름다움에 대한 강한 열망이 있다면, 식생활 습관을 충분히 바꾸어 갈 수 있다. 이것이 배고픔이라는 신호가 음식을 먹는 반복 행동을 유발하는 자극제를 넘어서 마음속에 건강과 아름다움이라는 보상을 열망하는 생각을 불러일으킨 것이다. 습관을 바꾸기 위해서는 마음속으로 열망하는 생각을 바꾸어야 한다. 새로운 생각을 심으면 새로운 행동을 거두고, 새로운 행동을 심으면 새로운 습관을 거두게 될 것이다.

앞에서 설명한, '옛 습관을 따르는 옛 사람을 벗어버리고 새사람을 입으라'는 말을 구체적으로 표현하면, 영적으로 육적으로 나쁜 결과를 가져오는 반복된 행동을 버리고, 좋은 결과를 가져오는 반복된 행동으로 바꾸라는 것이다. 천국의 영원한 영광과 기쁨을 누리게 하는 좋은 습관을 만들기 위한 의식적인 행동의 변화를 성경에서는 이런 명령으로 권면한다. "악에게 지지 말고, 선으로

악을 이기라."(롬 12:21) "술 취하지 말라. 이는 방탕한 것이니, 오직 성령으로 충만함을 받으라."(엡 5:15) "내가 이르노니, 너희는 성령을 따라 행하라. 그리하면 육체의 욕심을 이루지 아니하리라."(갈 5:16) 이 말씀들을 간단히 요약하면, 나쁜 결과를 가져오는 반복적인 행동을 버리고, 좋은 결과를 가져오는 반복적인 행동을 하라는 것이다. 그래서 그 행동이 몸에 배인 습관이 되어서, 좋은 습관이 자신의 삶이 되도록 지속적으로 훈련하라는 것이다.

좋은 습관이든 나쁜 습관이든 바뀔 수 있는 것이기 때문에, 특별히 좋은 습관을 유지하기 위해서는 지속적인 노력이 필요하다. 그래서 바울 사도는 그리스도와 동행하는 자신의 삶의 여정을 이렇게 고백한다: "내가 이미 얻었다 함도 아니요, 온전히 이루었다 함도 아니라, 오직 내가 그리스도 예수께 잡힌바 된 그것을 잡으려고 달려가노라."(빌 3:12)

새로운 습관을 만드는 것은 우리의 삶에 있어서 육체적으로, 영적으로 나쁜 결과를 가져오는 습관화된 반복적인 행동을 중단하고, 좋은 결과를 가져오는 새로운 반복 행동을 찾아서, 그것이 몸에 배인 습관이 되도록 지속적으로 연습하고, 훈련하는 과정이기 때문에, 습관은 훈련으로 만들어지는 것이다.

나의 습관이 나의 영성이다

———

예수님은 어떤 습관을 가지셨을까? 누가복음 22장 39절에서,

"예수께서 나가사 습관을 따라 감람산에 가시매 제자들도 따라갔더니"라고 말씀한다. 앞뒤 문맥을 보면, 예수님께서 등산이나 산책을 좋아해서 습관을 따라 감람산에 가신 것이 아니다. 예수님은 기도하러 감람산에 가는 습관이 있었다. 그래서 예수님은 십자가의 고통과 죽음에 직면한 결정적인 순간에도 습관을 따라서 감람산에 기도하러 간 것이다. 예수님께서 기도하시는 습관을 가지셨다는 것은 우리에게 중요한 교훈을 시사한다. 예수님은 바쁜 사역 가운데서도 한적한 곳에 가서 기도하는 시간을 습관적으로 가지셨다.(막 1:35; 눅 5:16) 예수님은 광야에서 40일 동안 금식하며 기도함으로 지상 사역을 시작하셨고, 기도로 사역을 진행하셨으며, 겟세마네 동산에서 땀이 핏방울같이 되는 기도로 사역을 마무리하셨다.(눅 22:44) 예수님은 하나님의 아들이셨지만, 이 땅에 계시는 동안 기도를 통하여 하나님 아버지와 시간을 보내는 것은 고난의 순간만이 아니라 평소에도 지속적으로 반복되는 한결 같은 습관이셨다.

하나님의 부르심을 받은 청지기로 살아가는 삶에서 가장 중요한 습관은 하나님과 동행하고, 하나님과 함께 교제하는 습관이다. 기도와 말씀을 통해서 하나님을 만나고 교제하는 습관을 기르지 않는다면, 하나님의 부르심을 받은 청지기로서의 삶은 불가능한 것이다. 이런 면에서 청지기의 삶에 있어서 가장 중요한 핵심은, 하나님과 함께하는 습관을 통하여, 하나님을 삶의 가장 중심에 두는 생활을 습관화하는 것이다.

고린도전서 10장 31절은 우리가 살아가야 할 삶의 목적을

이렇게 말씀한다: "그런즉 너희가 먹든지 마시든지 무엇을 하든지 다 하나님의 영광을 위하여 하라." 이 표현을 다른 말로 풀어서 설명한다면, 우리가 먹고 마시는 의식주에서뿐만 아니라, 다른 어떤 중요한 일에 있어서도 하나님께 집중하고, 일상생활의 모든 스케줄에 있어서도 하나님을 가장 중심에 두고 생활하는 습관을 가지라는 말로 표현할 수 있다. 먹든지 마시든지 무엇을 하든지 하나님의 영광을 위해서 살라는 말은, 일상생활의 가장 사소한 일에서부터 가장 중요한 일에 이르기까지 모든 일에 하나님을 일과의 중심에 두고, 하나님께 집중하는 하나님 중심적인 습관을 가지고 살아가라는 말이다.

하나님을 일과의 중심에 두고, 크고 작은 일에 하나님께 집중하는 습관을 가지고 살아간 대표적인 예를 다니엘의 모습에서 찾을 수 있다. 바벨론에 포로로 잡혀온 다니엘은 먹고 마시는 일을 포함하여, 모든 경우에 하나님 중심적인 습관을 가지고 살아가기로 작정하였다: "다니엘은 뜻을 정하여 왕의 음식과 그가 마시는 포도주로 자기를 더럽히지 아니하리라 하고, 자기를 더럽히지 아니하도록 환관장에게 구하니."(단 1:8) 뿐만 아니라, 다니엘은 바벨론의 총리라는 막중한 직책을 가지고 있었지만, 하나님과 함께 하는 시간을 모든 일과의 중심에 두는 습관을 가지고 있었다. 다니엘은 하루에 세 번씩 자기 집의 윗방에 올라가서 예루살렘을 향한 창문을 열어놓고 기도하는 습관을 가지고 있었다. 다니엘은 이 습관을 포기하지 않으면 사자 굴속에 던져져서 죽음을 당할 수밖에 없는 위기 앞에서도 하루에 세 번씩 하나님께 기도하는 하나님

중심적인 습관을 결코 포기하지 않았다: "다니엘이 이 조서에 왕의 도장이 찍힌 것을 알고도 자기 집에 돌아가서는 윗방에 올라가 예루살렘으로 향한 창문을 열고 전에 하던 대로 하루 세 번씩 무릎을 꿇고 기도하며 그의 하나님께 감사하였더라."(단 6:10) 다니엘은 죽음 앞에서도 '전에 하던 대로' 하나님을 자기의 삶의 중심에 두고, 하나님께 집중하며 살아가는 습관을 포기하지 않았다.

우리는 어떤 습관을 가지고 있는가? 어떤 습관을 가장 중요하게 생각하는가? 어떤 습관에 생명을 걸고 있는가? 일상생활 속에서 자신이 가장 중요하게 생각하고, 집중하는 자신의 습관이, 곧 자신의 영성이다. 생활 습관을 보면, 육에 속한 사람인지, 영에 속한 사람인지를 쉽게 알 수 있다. 다니엘은 "먹든지 마시든지 무엇을 하든지 다 하나님의 영광을 위하여 하라."는 말씀을 자기 몸에 배인 생활습관으로 표현한 대표적인 모델이다. 다니엘의 영성은 일상생활 속에서 무슨 일을 하든지 하나님을 중심에 두고, 하나님께 집중하는 생활습관으로 표현되었다. 습관은 영성의 구체적 표현이다. 나의 습관을 점검해 보면, 나의 영성이 어떤 상태인지를 정확하게 알 수 있다. 내가 인정하든 인정하지 않든, 나의 습관이 나의 영성이다.

되새김질을 위한 질문

1. 하나님의 부르심에 제대로 반응하지 못하여 인생을 허비하는 두 가지 유형을 간단히 정리해 봅시다.

2. 아담 이후에 모든 사람들은 하나님의 부르심에 어떻게 반응하는 경향이 있습니까?

3. 영성이 습관을 만드는 이유를 간단하게 정리해봅시다.

4. 잘못된 영성은 무엇을 의미하는지 간단히 정리해 봅시다.

5. 잘못된 영성이 추구하는 두 가지 잘못된 행동양식은 무엇입니까?

6. 옛 습관을 새로운 습관으로 고치기 위해서 구체적으로 실천해야 할 두 가지는 무엇입니까?

7. 일상생활 속에서 하나님께 반응하는 습관이 영성의 구체적인 표현이라면, 자신의 습관으로 나타난 영성은 어떤 모습인지 정리해 봅시다.

8. 습관이 만들어지는 3단계의 과정은 무엇입니까? 각각의 단계를 자신의 특정한 습관에 적용하여 설명해 봅시다.

9. 하나님의 청지기로 살아가는 삶에 있어서 가장 중요한 습관은 무엇이라고 생각하십니까?

10. 일상적인 삶의 습관으로 나타난 다니엘의 위대함은 어떤 것이라고 생각하십니까?

Chapter Five

5
몸은 영성을
담는 그릇이다

영성 훈련의 근본 기초는 건강이다
건강 관리는 영적 순종의 문제이다
몸을 거룩한 산 제사로 드리라
몸의 제사장이 되라
몸으로 하나님께 영광을 돌리라

5

영성은 하나님의 부르심에 반응하는 성향이다. 영성 훈련은 하나님의 부르심에 즉각적으로 반응할 수 있도록 자신을 준비시키는 훈련이다. 부르심이라는 자극에 즉각적으로 반응하는 순발력을 증진시키기 위해서는 지속적인 연습과 훈련이 필요하다. 하나님의 부르심에 즉각적으로 반응할 수 있도록 자신을 준비시키는 구체적 방법은 예수님께서 가르치신 모든 말씀을 자신에게 가르쳐서 지키게 하는 것이다. 하나님의 말씀을 통하여 배우고 깨달은 것을 몸에 배인 습관으로 자연스럽게 실천할 수 있을 때까지 반복하고, 훈련하는 것이다.

  영성 훈련이 하나님의 부르심에 즉각적으로 순종하는 순발력을 증진시키는 훈련이라면, 영성 훈련에 있어서 가장 중요한 전제는 건강한 몸이다. 건강이 따라 주지 않는다면, 우리는 어떠한 부르심과 자극에도 즉각적으로 반응할 수가 없다. 하나님은 우리의 영혼을 창조하셨을 뿐만 아니라, 우리의 몸도 창조하셨다. 청지기로 부름을 받은 우리가 하나님의 부르심에 전인격적으로 순종하기 위해서는 몸이 하나님을 섬기는 도구로 훈련되어야 한다. 건강하지 못해서 하나님의 부르심에 제대로 반응하지 못한다면, 우리에게 주어진 기회를 효과적으로 활용하지 못하고 허비하는 것이다. 다시 말하면, 건강을 잃으면, 인생을 허비하게 된다. 또 한편으로는, 우리 몸이 나쁜 습관에 대여서 하나님의 부르심에 적절하게 반응하지 못한다면, 이것도 하나님이 주신 기회를 활용하지 못하고 허비하는 것이다.

인생을 허비하지 않고, 착하고 충성스런 청지기로 살아가기 위한 기본 전제는 올바른 영성에 기초하여 몸의 상태와 습관을 건강하게 관리하는 것이다. 건강한 몸이 전저 되지 않는 영성 훈련은 생각할 수 없다. 영성 훈련은 육체를 배제한 영혼만의 훈련이 아니라, 영혼과 육체를 포함한 총체적인 훈련이다. "평강의 하나님이 친히 너희를 온전히 거룩하게 하시고, 또 너희의 온 영과 혼과 몸이 우리 주 예수 그리스도께서 강림하실 때에 흠 없게 보전되기를 원하노라."(살전 5:23) 하나님의 부르심에 적절하게 반응하기 위한 영성 훈련은 하나님이 창조하신 영혼과 육체를 온전하게 관리하고, 준비시키는 전인격적인 훈련이다.

영성 훈련의 근본 기초는 건강이다

건강은 병을 피하는 문제가 아니라, 허약함을 피하는 문제이다.

질병에 걸리지 않았더라도 우리 몸에 약한 부분이 있다면, 그 약함 때문에 활동에 많은 제약을 받게 될 것이다. 약한 부분 때문에 활동에 제약을 받는다는 것은 이미 몸이 건강한 상태를 유지하지 못하고 있다는 것이다. 몸이 건강하지 못하면, 외부적으로 주어지는 자극에 즉각적으로 반응할 수가 없다. 사람들은 나이가 들면서 이런 말을 자주 하게 된다: "마음은 뻔한데, 몸이 따라주지 않는다." 몸이 내가 생각한 대로 반응하지 않는다는 것이다. 나이가 들면서 몸이 노쇠해 가는 것은 질병에 걸린다는 말이 아니다. 몸의 기능이 전체적으로 약해진다는 것이다. 나이가 들면서 육체적으로 노쇠해지는 것을 막을 수는 없다. 그러나 몸을 건강하게 관리하는 것은 몸의 일부분이나, 혹은 전체가 허약해지는 것을 최소화하여 주어진 자극(부르심)에 즉각적으로 반응할 수 있는 건강한 상태를 유지하도록 관리하는 것을 의미한다.

평소에 몸을 어떻게 관리하느냐에 따라서 몸의 건강 상태는 엄청나게 달라질 수 있다. 나이가 몸의 건강 상태를 평가하는 단순한 기준이 될 수 없다. 생물학적 나이와 몸으로 느끼는 생체의 건강 나이는 분명히 다르다. 평소에 몸을 건강하게 관리하지 않아서 상대적으로 젊은 나이에도 불구하고 몸의 기능이 전체적으로 허약해진 사람들을 보게 된다. 반면에, 평소에 건강관리를 잘해서 객관적인 기준으로 볼 때는 고령임에도 불구하고 젊은 사람들 못지않게 왕성하게 활동하는 사람들도 많이 있다. 몸의 건강 상태를 유지하는 것은 나이의 문제라기보다는 관리의 문제이다.

눈에 보이는 즉각적인 현상으로만 보더라도, 몸을 건강하게 유지하고 관리하는 것이야말로 삶의 전반적인 질을 향상시키는 가장 빠르고 쉬운 길이다. 안타까운 것은 건강을 잃어버리기 전에는 건강관리의 중요성을 심각하게 깨닫지 못하는 것이 일반적인 현상이다. 건강을 잃게 되면 활동에 제약을 받을 뿐만 아니라, 생활 전반에서 자신감을 잃어버리고 정서적으로 우울해지기 마련이다. 이렇게 되면 삶의 질은 급격하게 떨어질 수밖에 없다. 반면에, 건강한 신체활동은 생활의 활력을 유지하고, 신체적, 정신적 노화를 늦추는 좋은 방법 중의 하나이다. 평소에 꾸준히 운동을 하는 사람은 그렇지 않은 사람에 비해서 민첩성과 체력에 있어서 전반적으로 훨씬 더 뛰어날 뿐만 아니라, 정신 건강과 정서적 행복감과 사회생활 전반에 걸쳐서 삶의 질이 향상되었다는 연구보고서는 처음 듣는 생소한 이야기가 아니다. 대부분의 사람들에게 널리 알려진 거의 상식에 가까운 정보이다. 꾸준한 신체 활동은 뇌 기능을 향상시킬 뿐 아니라 우울증과 불안감을 퇴치하는 데도 도움이 된다고 한다. 이러한 정보들은 결국, 몸을 건강하게 관리하고 유지하는 것이 삶의 질을 향상시키는데 있어서 가장 기본적이고 필수적인 방법이라는 것이다.

고령화 시대를 맞이해서 노후 삶의 질을 유지하는 것이 모든 사람들의 중요한 관심사가 되었다. 노후 생활의 질은 평소에 어떻게 준비하고 관리하느냐에 따라서 크게 달라질 수 있다. 노후 준비를 언급하면, 일반적으로 노후 생활 자금을 준비하는 것이라고 생각하기 쉽다. 경제적인 문제가 노후 삶의 질을 유지하는 데 필수적인 요소라는 사실을 부정할 사람은 아무도 없을 것이다.

건강관리는 노후 삶의 질을 유지하기 위한 방법으로 경제적인 문제에 비해서 상대적으로 과소평가되는 경향이 있다. 그러나 곰곰이 생각해 보면 건강관리가 노후 삶의 질을 유지하는 데 있어서 경제적인 문제보다 더 중요하면 중요했지 결코 덜 중요한 것이 아니다.

건강을 잃어버리면, 노후를 위해서 준비해 둔 자금이 삶의 질을 향상시키는 데 무슨 효력이 있겠는가? 노후 자금도 건강을 유지한 상태에서 효력을 발휘할 수 있다. 건강을 잃고 나면 노후 자금은 대부분 효력을 상실한다. 노후에 건강을 잃고 요양병원 들어간다고 가정해 보자. 노후 자금을 넉넉하게 준비해 둔 사람은 시설이 조금 더 좋은 곳에 들어갈 것이다. 노후 자금이 충분하지 못한 사람은 시설이 조금 덜 좋은 곳에 들어갈 것이다. 요양병원의 시설이 조금 더 좋고, 조금 덜 좋은 것이 노후 삶의 질을 유지하는 데 큰 차이가 있겠는가? 삶의 질이라는 관점에서 본다면, 노후에 건강을 잃고 요양병원에 들어간다는 것 자체가 '오십 보 五十 步 백 보 百 步' 아닌가? 아무리 시설이 좋은 요양병원이라 하더라도, 가난하지만 건강하게 일상생활을 하는 것보다 삶의 질이 좋을 수가 없다. 이 말은 잘못 들으면 오해할 소지가 있다. 요양시설에 들어가는 것이 나쁘다고 말하는 것이 아니다. 개인의 의지에 관계없이 요양시설에 들어갈 수밖에 없는 상황은 누구에게나 닥칠 수 있는 부정할 수 없는 현실이다. 말하고자 하는 핵심은, 노후 삶의 질을 위해서 건강관리가 노후 자금을 준비하는 것보다 결코 덜 중요하지 않다는 것을 강조하는 말이다.

젊은 사람이나 나이든 사람이나 건강을 잃어버리고 싶은 사람은 아무도 없다. 특별히 노후에도 건강한 상태를 유지하기 위해서는 여러 가지 복합적인 요소가 전제되어야 한다. 그 사람이 태어난 환경과 성장환경, 타고난 유전적 영향과 생활습관이 복합적으로 작용하여 건강에 영향을 미친다. 모든 사람들이 노후에도 건강한 상태를 유지하고 싶어 하지만, 인간의 힘으로 어떻게 할 수 없는 부분이 분명히 있다. 누구든지 관리를 잘하면 유전적인 요소와 환경적인 요소를 뛰어넘어서 노후에도 건강한 상태를 유지할 수 있다고 말하는 것이 아니다. 여기서 말하고자 하는 핵심은, 동일한 조건에서 평소에 건강 관리를 잘하는 사람과 그렇지 않는 사람 사이에는 엄청난 차이가 있다는 것이다. 노후 삶의 질을 위해서 평소에 몸을 건강하게 관리하는 일에 결코 소홀히 하지 말라는 것이다. 건강한 생활 습관이 몸을 오래도록 건강하게 유지시켜 준다.

경험적 통계로 미루어 짐작해 보건대, 건강 관리를 잘하면, 죽을 때도 훨씬 편안하게 죽음을 맞이할 가능성이 크다. 건강 관리를 잘한 사람은 그렇지 않는 사람에 비해서 노쇠하여 육체적 기능이 감퇴한 상태로 사는 기간이 훨씬 짧은 편이다. 몸이 망가진 사람들은 대체로 기능이 감퇴한 상태로 여러 해를 살면서 천천히 악화되어 간다. 다른 말로 표현하면, 건강한 사람은 인생의 순례 길에서 죽음의 결승점이 보이면 빨리 달려가서 그 결승점을 쉽게 통과할 수 있다. 그러나 몸이 망가진 사람은 죽음의 결승점을 눈앞에 두고도 쉽게 통과하지 못하고 아주 천천히 기어가면서 힘들게 죽음의 결승점을 통과하게 될 것이다. 죽음의 결승점이 눈앞에 보이면, 잘 관리된 몸으로 쉽게 통과하는 것이 망가진 몸으로 천천히 힘들게 통과하는 것보다 훨씬 복된 죽음이 아닌가? 물론 평소에 몸을 건강하게 관리하기 위해서는 시간과 돈과 노력이 요구된다. 하지만, 건강하지 못한 상태로 그냥 방치해 두면 나중에 지불해야 할 비용과 고통은 훨씬 더 많아진다.

건강 관리는 자동차를 유지 관리하는 것에 비유할 수 있다. 평소에 자동차의 상태를 정기적으로 점검하고 잘 관리해 두면, 운전자가 필요할 때에 편리하게 사용할 수 있다. 그러나 평소에 자동차의 상태를 점검하지 않고, 관리를 제대로 하지 않으면, 정말로 필요하고 긴급한 상황에서 자동차의 시동이 꺼지거나 운전 중에 자동차가 멈춰버리는 경우가 발생할 수 있다. 고속도로를 달리다가 자동차가 멈춰 섰다면, 얼마나 난감한 상황이겠는가? 오래된 중고차를 타 본 경험이 있는 사람은 이 말이 무슨 뜻인지를 너무나 잘 알 수 있을 것이다. 자동차를 편리하게 사용하기 위해서는 평소에 관리를 잘해야 되는 것처럼, 건강 관리는 하나님의 부르심에 즉각적으로 반응하는 영성 훈련의 가장 기본적인 전제 조건이다. 우리의 몸을 자동차에 비유한다면, 운전자가 불편함이 없이 잘 사용할 수 있도록 평소에 관리를 잘해야 한다.

건강 관리는 영적 순종의 문제이다

우리의 몸은 우리의 것이 아니다: "너희 몸은 너희가 하나님께로부터 받은바 너희 가운데 계신 성령의 전인 줄을 알지 못하느냐? 너희는 너희 자신의 것이 아니라, 20) 값으로 산 것이 되었으니, 그런즉 너희 몸으로 하나님께 영광을 돌리라."(고전 7:19-20) 하나님은 우리를 창조하셨을 뿐만 아니라, 예수 그리스도의 보혈로 다시 사서 죄와 죽음 가운데서 구원하셨다. 하나님은 우리의 영혼만 구원한 것이 아니라, 우리의 몸까지도 구원하셔서 하나님의 영광을 드러내는 도구로 사용하기를 원하신다. 그렇기 때문에 우리가 몸을 건강하게 관리하는 것은 나의 즐거움과 편안함을 위한 생활 습관의 문제 그 이상이다. 몸을 건강하게 관리하는 것은 우리를 지으시고, 구원하신 하나님을 영화롭게 하는 영적인 문제이다. 각자 자기의 몸을 대하는 습관은 건강과 즐거움의 문제이전에 청지기적 사명에 관한 영적인 문제라는 사실을 자각해야 한다.

어떤 동기에서 몸을 건강하게 관리하느냐는 대단히 중요한 문제이다. 몸을 관리하는 동기에 따라서 대체로 네 가지 정도로 건강관리 모델을 분류할 수 있다. 첫 번째는 치료모델이다. 건강을 잃고 질병에 걸리면 질병을 치료하고 건강을 회복하는 일에 전적으로 매달릴 수밖에 없다. 병원에 입원해서 치료를 받는 경우도 있고, 가정에서 생활습관을 고침으로써 치료에 집중하는 경우도 있다. 어떤 경우에는 의학적 치료보다 자연치유 방법을 택하고 생활 전체에 변화를 모색하는 경우도 있다. 그것이 어떤 경우이든지 간에, 질병에 걸리면 자신이 활용할 수 있는 모든 자원과 방법을 동원해서 치료에 매달릴 수밖에 없다. 치료 과정이 짧은 기간에 끝나지 않고 길어지면, 인생을 창조적으로 활용하기에는 너무 늦은 감이 없지 않다. 그렇기 때문에 평소에 몸을 건강하게 유지하는 예방적 관리가 중요하다.

두 번째는 건강모델이다. 좀 더 구체적으로 말하면, 건강을 위한 건강관리이다. 건강을 위한 건강관리 모델은 건강을 어떻게 활용할 것인지에 대한 분명한 비전과 사명감이 없이 건강한 몸을 유지하기 위해서 건강을 관리하는 것이다. 이 모델은 기껏해야 자기의 편안함과 즐거움을 위해서 건강을 관리하고, 좀 더 나아가서 자기만족과 자기과시를 위해서 몸을 관리하는 것을 포함하는 모델이다. 건강을 중시하는 대부분의 사람들이 건강모델에 속한다고 말할 수 있다. 건강에 좋다는 음식은 대단히 인기가 있다. 그래서 몸에 좋다는 수백 가지의 건강보조 식품이 대중매체나 인터넷 광고에 홍수를 이루고 있다. 간단히 정리하면, 건강의 활용에 대한 올바른 비전과 사명감이 없이 건강을 위해서 건강을 추구하는 것은 그 자체가 우상이다.

세 번째는 상품화 모델이다. 자기의 가치를 높이기 위한 몸의 관리가 이 유형에 속한다. '몸짱' '얼짱'이라는 말이 상품화 모델의 동기를 잘 드러내는 표현이다. 상품화 모델은 자기만족과 자기과시를 위해서 몸을 관리하는 데 생활의 최우선 순위를 두는 것이다. 날씬한 몸매를 가꾸기 위한 피트니스나 아름답게 보이는 외모를 위해서 성형과 미용에 엄청난 시간과 돈을 투자한다. 그렇게 하는 이유는 날씬한 몸매와 아름다운 외모를 가꾸는 것이 자기의 매력을 증진시키고, 자기의 가치를 높이는 것이라고 생각하기 때문이다. 육체적 매력을 증진시켜서 자기 가치를 높이는 것을 자아성취라고 생각한다. 이것은 건강 모델에서 한 걸음 더 나아간 자기 숭배이다.

네 번째는 청지기 모델이다. 이것은 앞에서 설명한 대로 건강 관리는 생활 방식의 문제를 넘어서 순종의 문제라고 생각하는 것이다. 나의 몸은 나의 것이 아니라 하나님께서 나에게 맡기신 것이기 때문에 하나님의 목적과 쓰심에 맞게 잘 관리하는 것이다. 하나님이 몸의 주인이기 때문에, 몸을 하나님의 뜻에 맞게 관리해서 하나님이 기뻐하시는 일에 잘 사용할 수 있도록 관리하고 준비하는 것이다.

청지기 모델은 그 방향과 내용에 있어서 약간은 포괄적일 수 있다. 청지기 모델에 보다 더 구체적인 비전과 사명감을 제시한다면, 제사장적 모델을 하나 더 추가해서 세분화 할 수 있다. 제사장적 모델은 크게 보면 청지기적 모델에 포함되는 것이지만, 청지기 모델에서 비전과 사명을 보다 더 분명하게 구체화시킨 것이다. 제사장적 모델은 청지기적 관리에서 한 단계 더 나아가서 자기 몸을 하나님께 거룩한 산 제물로 드리는 것이다.

여러 가지 건강관리 모델에서 설명한 내용을 두 가지 원칙으로 정리할 수 있다. 첫째는 건강이 빠진 영성은 허상이다. 건강을 잃으면 모든 것을 잃는다. 그렇기 때문에 건강 관리는 인생관리이며, 영성 훈련의 근본 전제이다. 둘째는 영성이 빠진 건강은 우상이다. 우리의 몸은 우리의 것이 아니라 하나님의 것이기 때문에 하나님께 대한 비전과 사명감이 없이 단순히 자기 자신의 즐거움과 만족을 위해서 몸을 관리하는 것은 그 자체가 우상이다. 따라서 영성 훈련에서 건강관리는 필수적인 요소이다. 그러나 건강과 영성의 균형을 잃어서는 안 된다.

"건강이 빠진 영성은 허상이다."

"영성이 빠진 건강은 우상이다."

몸을 거룩한 산 제사로 드리라

로마서 12:1절은 이렇게 말씀한다: "그러므로 형제들아 내가 하나님의 모든 자비하심으로 너희를 권하노니, 너희 몸을 하나님이 기뻐하시는 거룩한 산 제물로 드리라. 이는 너희가 드릴 영적 예배니라."

로마서의 전체 구조를 보면, 전반부인 1장에서 11장까지는 '믿음으로 구원 받는다'는 구원의 원리를 설명한다. 후반부인 12장에서 16장까지는 구원의 원리를 성도들의 실제 생활에 적용하는 말씀이다. 전반부에서 설명한 하나님의 의를 성도들의 실제 생활에 적용하여 성도들의 의무를 설명한다. 이런 로마서의 구조에서 12장 1절은 구원의 원리를 설명하고 나서, 하나님의 의를 성도들의 실제 생활에 적용하는 실천적 원리를 설명하는 첫 번째 구절이다. 믿음으로 구원받은 성도들에게 권면하는 첫 번째 실천적 명령이 '너희 몸을 하나님이 기뻐하시는 거룩한 산 제물로 드리라'는 것이다. 왜냐하면, 이것이 구원 받은 성도들이 하나님께 드릴 영적 예배이기 때문이다.

'너희 몸을 거룩한 산 제물로 드리라'는 말은 간단하게 설명하면 성도의 거룩한 삶을 의미한다. 그러나 좀 더 구체적인 의미를 파악하기 위해서는 '영적 예배'라는 말이 무엇을 의미하는지 좀 더 상세하게 설명할 필요가 있다. '영적 logiken'이란 단어는 '합리적' '합당한'이란 의미를 가지고 있는 형용사이다. 그래서 '영적 예배'라는 말은 '합당한 예배'라는 말로 번역될 수 있다. 이성적 합리성을 가진 하나님의 형상대로 창조된 인간이 자신의 위치를 바로 깨닫고, 창조주 하나님의 선하시고, 의로우신 뜻에 맞게 거룩한 삶을 제물로 드리는 것은 아주 합리적이고 합당한 것이라는 말이다. 그렇게 하지 않고, 하나님의 형상대로 지음을 받았음에도 불구하고, 자신의 위치를 잊어버리고 하나님의 뜻을 무시하고 세속에 물든 삶을 산다면, 그것은 이치에 맞지 않는 비합리적인 것이다. 간단히 정리하면, '영적'이란 말은 '하나님의 선하시고 의로우신 뜻에 합당한'이란 의미이다.

'예배'라는 말은 구약의 제사를 지칭하기도 하지만, 단순히 제사 행위를 의미한다기보다는 삶으로서의 예배를 의미한다. 즉 삶의 모든 가치와 의미를 우리를 창조하시고 구원하신 하나님께 두고 주님을 섬기는 삶을 사는 것에 초점을 맞추고 있다. '영적 예배'라는 말의 의미를 간단히 정리하면, 하나님의 부르심에 합당하게 응답하는 거룩한 삶이야말로 하나님께서 기뻐하시는 진정한 예배라는 것이다.

로마서의 전체 구조에서 본다면, 예수 그리스도의 십자가의 보혈로 인간을 구원하신 하나님께서 인간에게 요구하시는 첫 번째 명령이 '너희 몸을 하나님께서 기뻐하시는 거룩한 산 제물로 드리라'는 것이다. 하나님의 관점이 아닌 인간의 관점에서 본다면, 구원받은 인간에게 요구되는 첫 번째 의무는 몸으로 하나님의 영광을 드러내는 것이다. 이 말은 하나님의 영광을 위해서 살아가는 성도들에게 있어서 몸이 얼마나 중요한 역할을 하는 것인지를 단적으로 보여준다. 몸이 개입되지 않고 하나님의 영광을 드러내는 방법을 생각할 수 있겠는가?

신학은 머리로 하는 이론적인 학문이 아니라, 몸으로 하는 실천적인 학문이다. 중세 시대에는 일반적으로 학문을 이론적인 것과 실천적인 것으로 분류하였다. 이론적인 학문에는 존재의 원리를 탐구하는 철학적 영역, 특별히 형이상학이 대표적인 영역으로 분류된다. 실천적인 학문은 행동의 원리를 다루는 윤리학이 대표적인 분야이다. 그렇다면 신학은 어디에 속하는 학문인가? 이론적인 영역에 속하는 학문인가? 실천적 영역에 속하는 학문인가? 중세의 대표적인 신학자인 토마스 아퀴나스 Thomas Aquinas 는 신학을 이론적인 영역에 포함시켰다. 왜냐하면, 신학은 하나님의 존재를 다루는 학문이기 때문에 형이상학의 영역에 속하는 것으로 보았기 때문이다. 그러나 종교개혁자 칼빈 John Calvin 은 신학을 실천적 영역에 속하는 학문으로 분류하였다. 왜냐하면, 신학은 신의 존재를 다루는 학문 이전에, 하나님의 계시의 말씀을 인간의 삶에 적용하는 실천적인 원리를 다루는 학문으로 보았기 때문이다.

종교개혁의 전통에서 본다면, 신학의 중심 주제는 몸으로 하나님의 영광을 드러내는 것이다. 몸이 개입되지 않고 하나님의 영광을 드러내는 방법은 없다. 죽은 몸으로는 더 이상 하나님을 영화롭게 할 수 없다. 살아 있는 몸으로 하나님을 영화롭게 하는 것이 구원받은 성도들이 감당해야 할 가장 중요한 첫 번째 의무이자 사명이다. 우리의 몸을 하나님이 기뻐하시는 거룩한 산 제사로 드리라는 말은, 살아 있는 우리 몸을 죽여서 제물로 드리라는 말이 아니다. 하나님이 기뻐하시는 일에 자신을 온전히 드려서 헌신하라는 말이다. 미가서의 말씀은 이 점을 좀 더 구체적으로 드러낸다: "내가 무엇을 가지고 여호와 앞에 나아가며, 높으신 하나님께 경배할까? 내가 번제물로 일 년 된 송아지를 가지고 그 앞에 나아갈까? 7) 여호와께서 천천의 숫양이나 만만의 강물 같은 기름을 기뻐하실까? 내 허물을 위하여 내 맏아들을, 내 영혼의 죄로 말미암아 내 몸의 열매를 드릴까? 8) 사람아 주께서 선한 것이 무엇임을 네게 보이셨나니, 여호와께서 네게 구하시는 것은 오직 정의를 행하며, 인자를 사랑하며, 겸손하게 네 하나님과 함께 행하는 것이 아니냐?"(미 6:6-8) 간단히 정리하면, 로마서에서 말씀한 것처럼, 하나님께서 구원받은 성도들에게 요구하시는 첫 번째 명령은 하나님이 기뻐하시는 일에 몸을 드려 헌신하라는 것이다. 몸이 빠진 성도의 거룩한 삶은 있을 수 없다. 하나님께 드리는 예배와 찬양과 기도와 감사뿐만 아니라, 성도를 섬기고 봉사하고 헌신하는 모든 일에 있어서 몸이 도구로 사용되지 않는 경우가 있는가?

몸의 제사장이 되라

'너희 몸을 하나님이 기뻐하시는 거룩한 산 제물로 드리라'는 말은 몇 가지 의미를 내포하고 있다. 먼저 생각할 수 있는 것은, 내가 내 몸을 하나님께 거룩한 제물로 드리는 것이다. 여기서 내 몸은 하나님께 드려지는 제물이고, 나는 나의 몸을 하나님께 드리는 제사장이 되는 것이다. 다른 한 편으로는, 내 몸은 제물일 뿐만 아니라 하나님께 드리는 제사 행위가 이루어지는 성전이 되기도 한다. 또 하나의 의미를 덧붙인다면, 내 몸을 하나님이 기뻐하는 산 제물로 드린다는 말은 내 몸을 통하여 하나님의 영광을 드러내라는 말이다. 이런 뜻에서, 내 몸은 다른 제물을 담아서 드리는 거룩한 그릇이 되는 것이다. 이렇게 몸의 제사장이 되라는 말은 적어도 세 가지 관점에서 자기 몸을 관리해야 하는 제사장으로서의 실천적 의무를 내포하고 있다고 볼 수 있다.

첫 번째 실천적 의무는 자기 몸을 하나님께 드리는 제물로 관리해야 한다. 몸은 하나님께 드리는 제물이다. 제물은 흠이 없어야 한다. 제물을 어떻게 관리해야 하는지는 유월절 어린 양을 잡기 전의 관리와 점검 과정을 살펴보면 쉽게 알 수 있다. 출애굽기 12장은 어린양에 대한 규정을 설명하고 있다. 유월절 어린 양은 흠 없고 일 년 된 수컷이어야 한다. 유대인들의 달력으로 1월 10일에 선택하여 며칠 동안 세심한 관찰 과정을 거쳐서 14일 저녁에 잡으라고 규정하고 있다. 왜 10일에 선택해서 14일에 잡으라고 규정하고 있는가? 며칠 동안 관찰하면서 흠이 있는지 없는지를 자세히 점검하라는 것이다. 쉽게 말하면, 고위 공직어 임명 받을 사람이 그 직책에 적합한지 그렇지 않은지를 점검하는 청문회 과정을 거치는 것이라고 생각하면 쉽게 이해가 될 것이다. 그리고 하나님께 제물로 드릴 양은 미리 선택해서 흠이나 결함이 생기지 않도록 특별하게 관리해서 최상의 상태로 하나님께 드리라는 의미이다. 하나님께 제물로 드려야 할 우리의 몸을 방탕하게, 나태하게 방임하는 것은 하나님께 드릴 제물에 결함이 생기도록 방치하는 무책임한 행동이다.

우리가 몸의 제사장으로서 우리의 몸을 제물로 관리한다는 것은 우리의 영과 육을 최상의 상태로 관리한다는 말이다. 예를 들면, 프로야구 선수도 구단에 정식 입단 계약을 체결하기 전에 신체검사 과정을 통과해야 한다. 모든 계약조건에 합의를 했다 하더라도 신체검사에서 통과하지 못하면 모든 합의는 아무런 의미가 없어진다. 하나님께서 우리의 몸을 제물로 합당한지 합당하지 않은지 검사를 한다면 어떤 결과가 나올까? 몸을 게으르게 관리해서 건강한 상태를 유지하지 못하고, 온갖 질환과 약함에 시달리고 있다면, 하나님이 맡기신 몸을 맡은 청지기로서 제사장적 사명을 제대로 감당하지 못하는 것이다. 이런 면에서 청지기의 건강관리는 단순히 생활습관의 문제가 아니라 순종과 헌신의 문제이다. 몸을 하나님께 드리는 흠 없는 제물로 관리한다는 것은 우리가 하나님으로부터 어떤 조건에서 어떤 상태의 몸을 받았든지, 받은 달란트대로 주어진 조건에서, 우리의 돈을 하나님이 기쁘게 받으시는 제물로 손색이 없도록 최상의 상태를 유지하는 것이다.

두 번째 실천적 의무는 자기 몸을 하나님의 성전으로 관리해야 한다. 성경은 우리의 몸은 우리의 것이 아니라 하나님의 것이며, 하나님의 성령이 거하시는 성전이라고 분명히 말씀한다: "너희 몸은 너희가 하나님께로부터 받은 바, 너희 가운데 계신 성령의 전인 줄을 알지 못하느냐? 너희는 너희 자신의 것이 아니라, 20) 값으로 산 것이 되었으니, 그런즉 너희 몸으로 하나님께 영광을 돌리라."(고전 6:19-20) 그렇기 때문에 몸을 거룩하게 관리하는 것은 단순히 건강 관리의 문제를 넘어서, 하나님과 동행하는 영적인 삶의 문제로 연결된다.

성전을 관리하는 제사장의 책임은 성전을 거룩하게 관리해야 할 뿐만 아니라, 파손된 곳을 꾸준히 관리하고 보수해야 한다: "제사장들이 각각 아는 자에게서 받아들여 성전의 어느 곳이든지 파손된 것을 보거든 그것으로 수리하라 하였으나, 6) 요아스 왕 제 이십삼 년에 이르도록 제사장들이 성전의 파손한 데를 수리하지 아니하였는지라. 7) 요아스 왕이 대제사장 여호야다와 제사장들을 불러 이르되, 너희가 어찌하여 성전의 파손한 데를 수리하지 아니하였느냐? 이제부터는 너희가 아는 사람에게서 은을 받지 말고, 그들이 성전의 파손한 데를 위하여 드리게 하라."(왕하 12:5-7)

이 말씀은, 세월이 지나면 건물에 수리할 부분이 생기듯이, 세상을 살아가면서 자기도 모르는 사이에 발생하는 질병과 몸을 망가뜨리는 나쁜 습관들을 점검하고 고치라는 의미로 해석할 수 있다. 몸에 배인 습관이 거룩하지 못하고, 깨어지고 흐트러졌다면, 우리의 몸은 하나님이 함께하는 거룩한 성전이 될 수 없다. 그래서 성경은 방탕한 생활 습성을 대표하는 술에 취하지 말고, 성령의 충만을 받으라고 권면하는 것이다. 우리는 제사장적 사명감을 가지고 하나님의 성전 된 우리의 몸을 꾸준히 살피고 점검해서, 세상의 타락한 습성과는 구별되는 생활의 거룩함을 유지해야 한다. 뿐만 아니라 세상을 살아가면서 몸과 마음에 발생하는 여러 가지 아픔과 상처들을 성령의 도우심으로 날마다 치유해야 한다.

세 번째 실천적 의무는 자기 몸을 다른 제물을 담아 드리는 깨끗한 그릇으로 관리해야 한다. 우리는 몸을 사용해서 하나님을 찬양하고, 예배하고, 봉사하고, 섬긴다. 하나님을 사랑하고 이웃을 사랑하는 모든 행동은 몸을 거치지 않고 되는 것이 없다. 이런 면에서 본다면, 우리 몸은 하나님이 기쁘게 받으시는 생활의 열매를 제물로 담아서 드리는 그릇이다. 자신의 몸을 하나님이 쓰시기에 합당한 그릇으로 잘 관리하는 것은 자신을 하나님이 기뻐하시는 깨끗한 그릇으로 준비하는 것이다: "큰 집에는 금과 은의 그릇이 있을 뿐 아니요, 나무와 질그릇도 있어, 귀히 쓰는 것도 있고 천히 쓰는 것도 있나니, 21) 그러므로 누구든지 이런 것에서 자기를 깨끗하게 하면, 귀히 쓰는 그릇이 되어, 거룩하고 주인의 쓰심에 합당하며, 모든 선한 일에 예비함이 되리라."(딤후 2:20-21)

그릇이 깨끗하지 못하면 거기에 어떤 제물을 담아드리더라도 하나님이 기쁘게 받으시는 제사가 될 수 없다. 그래서 예수님은 제물을 드리기 전에 생각나는 죄가 있으면 먼저 형제와 화해하고 나서 제물을 드리라고 말씀하셨다. 우리의 몸이 하나님께 제물을 담아 드리는 그릇이라면, 날마다 설거지를 하고 샤워를 하듯이, 지속적인 회개의 삶을 통해서 일상생활 속에서 끊임없이 발생하는 죄악의 찌꺼기들을 깨끗하게 씻어내야 한다.

몸의 제사장으로서 몸을 관리하라는 것은 결함이 전혀 없는 완벽한 몸을 만들라는 말이 아니다. 몸의 제사장으로서 몸을 관리하라는 핵심은 제사장이 제물의 건강 상태를 관리 점검하고, 성전의 거룩함과 온전함을 유지하고, 성전의 기구들을 정결하게 관리하듯이, 그런 마음 자세로 자신의 몸을 관리하라는 것을 의미한다. 몸을 건강하고 거룩하게 관리하는 목표는 제사장적 섬김을 위한 것이다. 멋있어 보이기 위해서 몸을 만드는 것이 아니라, 하나님을 적극적이고 민첩하게 섬기기에 합당한 몸으로 준비시키는 것이다. 부실한 관리로 인하여 몸이 망가진 사람들은 수명이 짧아지고, 삶의 효율성도 떨어진다. 삶의 활력과 기력도 약해진다. 그런 몸으로 하나님께서 주신 은사들을 잘 활용할 수 있겠는가? 하나님이 기뻐하는 거룩한 삶을 살기 위해서는 인간 존재의 어떤 측면도 소홀히 할 수 없다. 몸의 관리를 단순히 삶의 질을 유지하기 위한 건강 관리로 생각하는 단계를 넘어서, 제사장적 의무와 사명으로 인식한다면, 몸에 배인 생활 습관과 몸의 건강 상태를 점검하고 관리하는 우리의 생각과 태도는 완전히 달라질 것이다.

우리는 몸의 제사장으로서 자신의 몸을 건강하게 관리해야 한다. 제사장으로서 몸을 건강하게 관리한다는 것은 건강한 육체와 몸에 배인 거룩한 생활 습관과 생활 속에서 끊임없이 발생하는 죄악의 찌꺼기들을 깨끗하게 씻어내는 지속적인 회개를 포함하는 전인 全人 적이고도 총체적인 건강 관리를 의미한다.

몸으로 하나님께 영광을 돌리라

우리가 하나님 앞에서 거룩한 삶을 살기 위해서는 영혼과 몸을 포함하는 삶의 전 영역에서 모든 경험이 거룩해져야 한다. 바울 사도는 '죄가 너희 죽을 몸을 지배하지 못하게'(롬 6:12) 하라고 권면한다. 몸의 거룩함을 추구하는 것은 나의 몸을 죄의 도구로 사용하는 것이 아니라, 하나님의 뜻을 이루는 의의 도구로 사용하여 하나님의 영광을 드러내기 위함이다. 그래서 바울 사도는 살든지 죽든지 자기의 유일한 소망은 자기 몸을 통하여 '그리스도가 존귀하게 되게'(빌 1:20)하는 것이라고 고백한다.

우리가 살아가는 최고의 목적은 먹든지 마시든지 무엇을 하든지 하나님의 영광을 드러내는 것이다.(고전 10:31) 우리는 '몸으로 하나님께 영광을 돌려야'(고전 6:20) 하는 실천적 사명을 부여받았다. 몸을 방탕한 생활에 함부로 돌려서도 안되지만, 나태함으로 인해서 몸을 제대로 관리하지 않고 방치해서도 안 된다. 몸을 맡은 거룩한 제사장으로서 자신의 몸을 충성스럽게 관리해서, 몸으로 하나님께 영광을 돌려야 한다.

지금까지 설명한 내용을 간략하게 정리하면, "건강이 빠진 영성은 허상이다." 동시에, "영성이 빠진 건강은 우상이다." 영성과 건강은 분리될 수 없는 한 묶음이다. 건강 관리는 자기만족의 수준을 넘어서 하나님의 부르심에 순종하는 영적인 문제라는 것이다.

되새김질을 위한 질문

1. 영성 훈련에서 가장 중요한 전제는 무엇이라고 생각하십니까? 왜 그렇게 생각하십니까?

2. 몸을 관리하는 동기는 여러 가지입니다. 동기에 따른 건강관리의 모델을 어떻게 분류할 수 있습니까? 각각의 모델이 추구하는 핵심적인 내용은 무엇인지 간단하게 정리해 봅시다. (4가지 + 1가지)

3. "너희 몸을 거룩한 산 제사로 드리라"는 말의 의미는 무엇이라고 생각하십니까?

4. 종교개혁의 전통에 비추어서 설명한다면, 신학의 중심주제는 무엇이라고 생각하십니까?

5. 몸의 제사장으로서 자신의 몸을 관리하는 실천적 의무 세 가지는 무엇입니까? 각각의 의무는 구체적으로 어떻게 하는 것인지 그 내용을 간단히 정리해 봅시다.

6. 자신의 몸을 건강하고 거룩하게 관리하는 목표는 무엇이라고 생각하십니까?

7. 건강 관리는 자기만족의 수준을 넘어서 하나님의 부르심에 순종하는 영적인 문제입니다. 이런 관점에서 본다면, 우리가 살아가는 최고의 목적은 무엇이라고 생각하십니까?

청 지 기
영성훈련
특　강

Chapter Six

6
식탐과 게으름을 극복하라

음식은 영성 훈련의 첫 번째 장애물이다

게으름은 영성 훈련의 두 번째 장애물이다

몸을 맡은 청지기이다

식탐과 게으름을
극복하라

6

하나님께서 인간을 창조하실 때 하나님의 형상을 따라 창조하셨을 뿐만 아니라, 육체를 가진 존재로 창조하셨기 때문에 육체가 없는 인간은 존재할 수 없다. 육체를 가진 인간이 하나님의 부르심에 반응하면서 살아가는 것이 청지기로 존재하는 인간의 삶의 양식이다. 이 말은 하나님의 부르심에 즉각적으로 반응하는 순발력을 증진시키는 영성 훈련의 가장 중요한 전제가 건강한 몸이라는 것이다. 몸이 따라주지 않으면, 어떤 일도 효과적으로 수행할 수가 없다. 하나님의 지혜롭고 진실한 청지기로 살아가기 위해서는 몸을 잘 관리해야 한다. 앞에서 설명한 대로, 우리는 몸의 제사장으로서 몸을 거룩하게 관리해야 한다. 동시에 몸을 맡은 청지기로서 하나님이 쓰시기에 준비된 건강한 몸으로 관리해야 한다. 몸은 하나님께 드려지는 거룩한 제물임과 동시에, 하나님의 부르심에 반응하고, 사명을 수행하는 거룩한 도구이다. 몸의 이런 특성을 성경은 '의의 무기로 하나님께 드리라'는 말로 함축하고

있다: "그러므로 너희는 죄가 너희 죽을 몸을 지배하지 못하게 하여, 몸의 사욕에 순종하지 말고, 13) 또한 너희 지체를 불의의 무기로 죄에게 내주지 말고, 오직 너희 자신을 죽은 자 가운데서 다시 살아난 자 같이 하나님께 드리며, 너희 지체를 의의 무기로 하나님께 드리라."(롬 6:12-13)

우리의 몸을 하나님께서 쓰시기에 편리한 의의 무기로 드려야 한다. 하나님께 드리기는 드렸는데, 하나님께서 필요할 때 사용하시려고 할 때, 그것이 제대로 작동되지 않는다면 어떻게 되겠는가? 우리의 몸을 하나님께서 쓰시기에 편리한 무기로 드린 것이 아니라, 오히려 하나님을 난처하고 불편하게 만드는 결과가 되지 않겠는가? 예를 들어 설명한다면, 몸의 관리는 군인이 평소에 자기에게 지급된 무기를 잘 관리하는 것에 비유할 수 있다. 군 복무를 해본 사람들이라면 다 경험한 일이겠지만, 군대에서 총기를 손질하는 것을 생각하면 된다. 사격훈련이나, 기타 훈련을 한 다음에는 총기 손질을 잘 해서 비상시에 언제든지 사용할 수 있는 상태로 보관하듯이, 진실한 청지기는 하나님이 필요하실 때 언제든지 불편함이 없이 사용하실 수 있도록 자신의 몸을 거룩하게, 그리고 건강하게 관리해야 한다.

건강관리의 가장 중요한 것은 동기의 문제이다. 사람들은 일반적으로 잘못된 동기에 집착해서 몸 관리를 한다. 오래 살려고, 젊어 보이려고, 더 매력 있어 보이려고 몸 관리에 열심을 내고, 집착한다. 이러한 동기는 전적으로 자기 자신을 위한 이기적인 동기이다. 그러나 몸을 하나님을 섬기는 도구라고 생각한다면,

새로운 동기가 생긴다. 하나님의 도구로 준비시키기 위하여 욕망과 게으름에 맞서서 몸을 더 잘 관리해야 한다는 열정이 일어난다. 이런 동기에서 본다면, 건강을 진지하게 대하지 않는 그리스도인은 자신의 사명을 진지하게 생각하지 않는 것이다. 그렇기 때문에, 하나님의 지혜롭고 진실한 청지기의 삶을 살기로 작정한 사람들에게 건강관리는 정말로 중요한 영적인 문제이다.

모든 영성 훈련의 기본전제는 건강한 몸이다. 몸 관리의 동기는 날씬한 몸매를 얻기 위한 것이 아니라, 우리의 영혼을 은처럼 단련하는 것이다. 다시 말하면, 모든 영성 훈련은 몸을 건강하고 거룩하게 관리하는 것으로부터 시작된다. 몸을 거룩하고 건강하게 관리한다는 것은 육체적인 관리를 넘어서는 영혼의 훈련이다. 이 과정을 통해서 자신의 영적 상태가 더 거룩해지고 성숙해진다. 이런 면에서, 거룩한 동기에서의 건강관리는 자신의 영혼을 단련하는 영성 훈련의 가장 기본적인 과정이다.

건강관리에 있어서의 가장 기본적인 요소는 음식과 운동이다. 적절하게 영양을 섭취하고, 적절하게 운동을 하는 것이 건강의 기본이라는 것은 누구든지 부정할 수 없는 상식 중에서도 상식이다. 음식은 영성의 1차 에너지이다. 왜냐하면, 음식은 몸이라는 장치가 활동하는 데 필요한 에너지를 공급하는 연료이기 때문이다. 그리고 운동은 영성의 활력소이다. 음식을 통하여 에너지를 공급받은 몸이 효과적으로 작동할 수 있도록 활력을 불어 넣는 것이 운동이다.

음식과 운동이 건강한 몸을 관리하는 데 있어서 가장 중요한 요소이지만, 여기에도 극복하기 대단히 힘든 장애물들이 있다. 하나는 음식과 관계된 모든 형태의 과식이며, 다른 하나는 운동과 관계된 게으름이다. 고대에는 음식과 운동에 관계된 이 두 장애물을 '식탐'과 '나태'라고 불렀다. 식탐과 게으름의 장애물만 극복할 수 있다면 우리의 영성은 대단히 성숙한 경지에 이를 수 있다. 과식과 나태함의 굴레를 벗어버릴 수만 있다면, 우리의 영혼은 새로운 활력과 기쁨으로 하나님과 동행할 수 있는 자유를 누리게 될 것이다. 이런 면에서, 식탐과 게으름을 극복하는 것은 영성 훈련에서 필수적으로 거쳐야 하는 과정이다.

식탐과 게으름을 극복하지 못하면 인생을 허비하게 된다. 주위에서 관찰할 수 있는 일상적인 경험에 비추어 보면, 과식은 게으름을 유발하며, 게으름은 비만을 유발한다. 이런 악순환의 굴레에 빠지게 되면, 그 다음부터는 대부분의 시간과 에너지를 비만 방지에만 전념하게 된다. 비만으로 인한 부작용을 최소화하는 데 모든 시간과 돈과 노력을 투자하게 된다. 이렇게 인생의 에너지를 소모하고 나면, 하나님이 기뻐하는 일에는 투자할 엄두도 내지 못한다. 비만 방지에 대부분의 에너지를 소모했기 때문에, 청지기적 사명을 수행하는 데 투자할 물질적, 신체적인 여분의 에너지는 거의 남아 있지 않다. 이것보다 인생을 더 낭비하는 일이 어디에 있겠는가? 그렇기 때문에 건강한 식생활과 적절한 운동은 지속적으로 점검하고 관리해야 할 영성 훈련의 가장 기본적이고, 필수적인 요소이다.

음식은 영성 훈련의 첫 번째 장애물이다

음식은 우리의 생명을 유지하는 필수적인 에너지를 공급하지만, 동시에 영성 훈련에서 극복해야 할 첫 번째 장애물이다. 육체를 가진 인간의 가장 기본적인 약점은 먹고 마시는 문제이다. 어떤 형태로든지 간에, 먹고 마시는 것이 불가능해지면, 우리는 존재할 수가 없다. 인간의 욕구 중에서 식욕이 가장 강한 욕구이다. 신생아가 태어났을 때, 제일 먼저 발동하는 것이 먹는 것에 대한 욕구이다. 눈도 제대로 뜨지 못하고, 아무것도 할 수 없는 상태이지만, 엄마의 젖꼭지를 빠는 힘과 열정은 대단하다. 그리고 인간에게 있어서 제일 마지막까지 남아 있는 욕구 역시 먹는 것에 대한 욕구이다. 과거에 흥행한 영화 중에서 사형수가 사형 직전에 마지막으로 음식을 잘 먹는 장면이 나오는 것을 본 적이 있다. 음식을 먹고 소화도 되기 전에 바로 죽음을 당할 텐데, 먹는 것이 무슨 소용이 있느냐고 말할 수도 있다. 그러나 죽음 직전에 음식을 마음껏 먹고 싶은 것 또한 인간의 욕구이다. 우리 속담에도, '사흘 굶어서 남의 집 담장 넘지 않을 사람이 없다'는 말이 있다. 음식에 대한 욕구가 그만큼 강하고, 끈질긴 것이기 때문에, 그것에 대한 유혹을 극복하고, 절제하기도 그만큼 힘들고 어렵다.

 음식이 영성 훈련에서 극복해야 할 첫 번째 장애물이라는 사실은 예수님의 사역에서도 그 실례를 찾아 볼 수 있다. 예수님께서 공생애를 시작하시면서, 제일 먼저 먹는 문제로 시험을 받았다는 사실이 영성 훈련에서 음식이 우리가 극복해야 할 얼마나 큰 장애물인지를 상징적으로 보여주는 사건이다.

인간이 범한 최초의 불순종도 먹는 것에 대한 유혹과 욕심을 극복하지 못해서 일어난 사건이다. 하나님께서 아담과 하와를 창조하시고, 에덴동산에서 각종 열매와 씨 맺는 채소를 음식으로 주셨다. 그리고 선악과에 대한 금지 조항을 두셨다. 아담과 하와가 육체적인 생명을 유지하면서, 하나님이 맡긴 사역을 감당하기에 전혀 부족함이 없을 정도로 충분한 음식을 주었다. 동시에 하나님은 아담의 충성심을 측정하는 기준으로 선악과 언약을 주었다. 하나님께서 아담에게 선악과를 먹지 말라고 명령하신 것은 그에게 먹는 것을 절제하라고 요구하신 것이다. 먹는 것에 대한 절제는 하나님과 동행함에 있어서 필수적인 요소이다. 아담을 비롯한 모든 인간은 먹는 것을 포함한 자신의 욕구를 절제하지 못하면 하나님과 동행할 수 없다.

아담과 하와는 먹음직한 것에 대한 유혹을 극복하지 못했다. 사탄의 유혹이 있기는 했지만, 결과적으로 아담과 하와는 먹는 것에 대한 욕구를 극복하지 못하고, 하나님께서 요구하신 언약적 충성심을 포기하고, 자신의 욕심에 이끌려 불순종하고 말았다: "여자가 그 나무를 본즉 먹음직도 하고 보암직도 하고 지혜롭게 할 만큼 탐스럽기도 한 나무인지라. 여자가 그 열매를 따먹고, 자기와 함께 있는 남편에게도 주매, 그도 먹은지라."(창 3:6) 먹음직한 유혹이 제일 먼저 온다는 사실을 무시하면 안 된다. '음식 끝에 마음 상한다'는 말도 있다. 사소한 일이지만, 음식 때문에 서로에게 상처를 주는 경우가 있다는 갈이다. 아담과 하와는 먹지 말아야 할 것을 먹음으로써 하나님과 교제가 단절되는 영성의 파괴를 초래했다.

식탐과 전쟁은 평생 지속된다

아담은 먹는 것에 대한 욕구를 극복하지 못하고 하나님이 금지하신 선악과를 먹음으로써 하나님과의 관계가 단절되는 치명적인 결과를 초래했다. 우리 모두는 원하든 원하지 않든 아담의 후예들이고, 아담이 가졌던 습성을 가지고 태어났다. 아담에게 있어서 음식이 하나님과 동행하는 영성에 있어서 가장 극복하기 힘든 장애물이었다면, 오늘날 우리 모두에게도 음식이 영성에 있어서 가장 극복하기 힘든 장애물이라는 사실을 알아야 한다.

먹는 것과의 전쟁은 평생 지속된다. 음식에 욕심이 들어가면 식탐이 된다. 식탐은 우리 몸이 필요로 하는 것 이상으로 음식을 섭취하는 과식으로 연결된다. 과식에 대한 습성은 운전할 때 과속하는 습성과 비슷하다. 잘못된 것인 줄 알면서도 당장에 큰 문제가 생기기 않으니까, 계속 그렇게 한다. 그러나 무절제한 식단과 과식으로 자신의 몸을 아무렇게나 관리하면, 반드시 그 값을 치르게 되어 있다. 몸을 건강하게 관리하는 이유는 편안함과 즐거움, 욕구 충족, 쾌락의 문제 이전에, 청지기적 사명의 문제이다.

음식은 하나님께서 우리에게 즐기라고 주신 선물이기도 하다. 그러나 지금 우리가 음식과 관계하여 살아가는 모습을 보면, 몸에 대한 청지기적 관리라는 관심보다는 너무 즐기는 데만 몰두해 있다. 배가 부를수록 하나님과 동행하고 교제하는 영적 감수성은 무디어지기 쉽다. 이런 면에서 우리가 날마다 먹고 마시는 음식은 우리의 정당하고도 심각한 기도제목이 되어야 한다. 하나님 앞에서 우리의 일상을 어떻게 효율적으로 관리하고 감당할 수 있느냐는 음식에 대한 절제, 즉 식탐을 극복하는 데 달려 있다고 해도 틀린 말이 아니다.

과식은 떨치기 힘든 유혹으로 끈질기게 따라다닌다. 과식은 자신의 공로를 인정 받는 데는 관심이 없다. 오로지 결과만 얻으면 된다. 금방 후회할 줄 알면서도 앞에 있는 음식을 절제하지 못하고 과식하게 된다. 과식의 결과는 건강과 일상생활에 수많은 부작용을 초래한다. 비만과 게으름을 데리고 와서 창조적인 일에 사용해야 할 에너지를 스펀지처럼 다 흡수해 버린다. 그러면서도 과식에 대한 습관을 끊어버리지 못하고 번번이 식탐에 굴복한다. 식탐을 절제하고 과식하는 것을 거부하겠다고 작심해 보라. 이는 아마도 내 안에 잠자는 경비견을 깨우는 것과 같은 일이 될 수도 있다. 내 몸이 난리를 치고, 평생 떠나지 않는 불구대천의 원수를 얻는 것일 수도 있다. 그럼에도 불구하고 식탐을 극복하는 전쟁은 시작해야 한다. 식습관과의 싸움은 평생 끝나지 않을 수도 있다. 식탐을 극복하지 못하면, 영적 전쟁에서 이길 수 없다. 식탐과 과식은 영적 전쟁에서 극복해야 할 첫 번째 장애물이다.

식탐은 영혼을 무디어지게 한다

성경에서 식탐과 비만에 대한 직접적인 언급이나 경고의 말씀은

흔하지 않다. 역사적 상황으로 미루어 판단해 보면, 성경이 기록될 당시의 사람들은 대부분 가난과 굶주림에 시달리던 사람들이었을 것이다. 그렇지만 식탐으로 인하여 영성에 파괴적인 결과를 초래한 경우들을 쉽게 찾아 볼 수 있다. 우리가 식탐과 싸운다는 것은 단순히 음식의 양을 많이 먹고, 적게 먹는 것의 문제가 아니다. 식탐과의 전쟁을 좀 더 근본적인 동기에서 점검해 봐야 한다. 음식을 통해 나만의 만족을 위해 살아가고 있는가? 아니면, 음식을 통하여 다른 사람의 필요를 돌아보고 있는가? 이 질문이 식탐과의 전쟁을 수행하는 우리들의 방향을 올바르게 설정하게 한다.

성경에서 식탐으로 인하여 영성에 파괴적인 결과를 초래한 예들을 열거하기란 어렵지 않다. 앞에서 언급한 대로 인류의 조상인 아담과 하와가 식탐을 극복하지 못하고 하나님과의 관계 단절이라는 치명적인 결과를 초래하였다. 홍수로 심판을 받은 노아 시대 사람들은 노아를 통하여 주신 경고를 깨닫지 못하고, 홍수가 쏟아지는 그 순간까지 먹고, 마시고, 시집가고, 장가가는 일에 여념이 없었다.(마 24:38) 식탐이 노아를 통해서 선포된 하나님의 경고를 무시하고, 홍수 심판을 통해서 모두가 멸망당할 정도로 그들의 영혼을 무디어지게 만들었다. 홍수 심판에서 구원받은 노아 자신도 식탐을 극복하지 못하고 포도주를 과음하여 아들이 저주를 받게 되는 빌미를 제공하는 실수를 하였다.(창 9:20-25) 뿐만 아니라, 식탐과의 전쟁은 출애굽 이후 광야생활 40년 동안 이스라엘 백성들에게 가장 끈질기게 따라다니는 장애물들이었다.

신약성경에서도 식탐에 대한 경고를 분명히 하고 있다. 바울 사도는 고린도교회에서 습관적으로 벌어지고 있는 식탐과 방종에 대해서 엄중하게 경고하였다: "그런즉 너희가 함께 모여서 주의 만찬을 먹을 수 없으니, 21) 이는 먹을 때에 각각 자기의 만찬을 먼저 갖다 먹으므로, 어떤 사람은 시장하고, 어떤 사람은 취함이라. 22) 너희가 먹고 마실 집이 없느냐? 너희가 하나님의 교회를 업신여기고 빈궁한 자들을 부끄럽게 하느냐? 내가 너희에게 무슨 말을 하랴? 너희를 칭찬하랴? 이것으로 칭찬하지 않노라."(고전 11:20-22) 그리고 '술 취하지 말라'(롬 13:13; 엡 5:18)고 엄중히 경고하였다. '음식 끝에 마음 상한다'는 말처럼 음식으로 인하여 성도 간에 상처를 주고 관계가 깨어지는 일들이 고린도교회에서 습관적으로 일어나고 있었다. 음식을 통해서 나만의 만족을 추구하느냐? 아니면, 음식을 통해서 다른 사람의 필요를 채워주느냐? 식탐과의 전쟁에 올바른 방향을 제시하는 이 질문들을 생각해 보면, 왜 바울 사도가 고린도교회에서 일어나고 있는 일에 대해서 엄중하게 경고했는지를 이해할 수 있다.

식탐으로 인하여 파괴적인 결과를 초래한 것과는 반대로, 식탐에 대한 유혹을 철저하지 극복함으로 인하여 끝까지 하나님과 동행하며, 영성의 고수로 살아간 경우도 성경에서 발견할 수 있다. 구약에서 대표적인 인물 한 사람을 꼽는다면, 다니엘이다. 바벨론에 인질로 잡혀온 다니엘과 그의 친구들은 무엇보다도 먹고 마시는 문제에서부터 그들의 영적인 전쟁을 선포하였다: "다니엘은 뜻을 정하여, 왕의 음식과 그가 마시는 포도주로 자기를 더럽히지 아니하리라 하고, 자기를 더럽히지 아니하도록 환관장에게 구하니, 9) 하나님이 다니엘로 하여금 환관장에게 은혜와 긍휼을 얻게 하신지라."(단 1:8-9) 식탐과의 전쟁에서 승리한 다니엘이 어떻게 하나님과 동행하는 삶으로 승리했는지는 다니엘서에 잘 기록되어 있다.

    신약에서 식탐과의 전쟁에서 승리한 대표적인 사람을 꼽으라면, 바울 사도를 꼽을 수 있다. 물론 40일 금식 후에, 말씀으로 사탄의 시험을 물리친 예수님의 사건은 접어두고서 말이다. 바울 사도는 먹고 마시는 문제로 인하여 심각한 문제가 발생한 고린도교회를 향해서 먹고 마시는 문제에 관한 자신의 원칙을 분명하게 제시하였다: "그러므로 만일 음식이 내 형제를 실족하게 한다면, 나는 영원히 고기를 먹지 아니하여 내 형제를 실족하지 않게 하리라."(고전 8:13) 그리고 바울 사도는 먹고 마시는 문제를 포함하여 일상생활 속에서 그리스도인들이 어떻게 행동해야 할지에 대한 행동지침을 결론적으로 이렇게 선포하였다: "그런즉 너희가 먹든지 마시든지 무엇을 하든지, 다 하나님의 영광을 위하여 하라."(고전 10:31) 식탐을 극복하지 못하면 영적인 삶에서 승리할 수가 없다. 그러나 식탐을 극복할 수 있다면, 다니엘과 바울처럼 영적인 고수가 될 수 있다.

식탐은 인생을 낭비하게 만든다

식탐에 맞서 싸우는 것은 남들에게 과시할만한 몸을 만들기 위해서 하는 것이 아니다. 하나님의 선한 청지기로서, 모든 선한 일에 준비된 몸과 영혼을 유지하기 위한 것이다. 음식이 나의 육체적인 필요를 채워주고 있는가? 아니면, 음식이 나의 영적인 훈련과 성장에 방해가 되고 있는가? 과식은 나로 하여금 하나님의 임재를 느끼고 경험하는 일에 무디어지게 하고, 죄의 유혹에 대해서는 더 취약하게 만든다. 심지어는 대인 관계에도 악영향을 끼친다. 포만감이나 식곤증이 일상생활에 방해가 되지 않는가? 과식으로 인하여 발생하는 생활의 불편함이나 건강의 문제는 없는가?

하나님의 신실한 청지기로 살아가기 위해서는 먹고 마시는 문제에 대한 세밀한 점검과 우선순위의 재조정이 반드시 필요하다. 노아 시대 사람들은 먹고, 마시고, 장가가는 일에 몰두한 나머지, 하나님의 인도하심에 대해서는 극도로 무감각해졌다. 이것을 좀 더 과장해서 표현한다면, 식탐에 빠진 문화 속에서 아무런 문제의식을 느끼지 못하고 살아가는 사람들은 인생 전체를 낭비할 수밖에 없다는 것이다.

에서는 식탐을 극복하지 못함으로써, 인상을 통째로 낭비하였다. 창세기 25장에서 보면, 이삭의 두 아들인 에서와 야곱이 치열하게 경쟁하는 장면이 나온다. 야곱은 태어나면서부터 에서와 경쟁했지만, 번번이 경쟁에서 지고 말았다. 아버지의 사랑을 차지하는 경쟁에서도 야곱은 에서에게 졌다.(창 25:28) 기회를 보고 있던 야곱은 에서의 약점을 파악하고, 그 약점을 파고들었다. 에서가 들에서 사냥을 하고 돌아올 시간에 야곱은 집에서 맛있는 죽을 끓이고 있었다. 배고픔을 참지 못하는 성미가 급진 에서가 야곱에게 죽 한 그릇을 달라고 요구한다. 에서의 요청에 대해서 야곱은 치밀하게 계산된 조건을 제시한다. 그 이후에 형제간의 대화는 이렇게 진행된다: "야곱이 이르되, 형의 장자의 명분을 오늘 내게 팔라. 32) 에서가 이르되, 내가 죽게 되었으니, 이 장자의 명분이 내게 무엇이 유익하리요. 33) 야곱이 이르되, 오늘 내게 맹세하라. 에서가 맹세하고 장자의 명분을 야곱에게 판지라. 34) 야곱이 떡과 팥죽을 에서에게 주매, 에서가 먹으며 마시고 일어나 갔으니, 에서가 장자의 명분을 가볍게 여김이었더라."(창 25:31-34)

에서는 하나님의 약속보다는 먹고 마시는 일을 더 중요하게 생각했다. 에서의 생활습관은 하나님의 비전과 소명보다는 먹고 마시는 것을 더 중요하게 생각하는 식탐에 빠진 문화를 대변하고 있다. 식탐에 빠진 행동을 히브리서는 이렇게 혹평하고 있다: "너희는 하나님의 은혜에 이르지 못하는 자가 없도록 하고, 또 쓴 뿌리가 나서 괴롭게 하여 많은 사람이 이로 말미암아 더럽게 되지 않게 하며, 16) 음행하는 자와, 혹 한 그릇 음식을 위하여 장자의 명분을 판 에서와 같이 망령된 자가 없도록 살피라."(히 12:15-16) 에서는 식탐에 빠져서 인생 전체를 낭비한 망령된 행동을 한 대표적인 사람이 되고 말았다.

광야 이스라엘 백성들은 하나님이 주신 만나에 싫증을 내고, 고기를 요구하였다. 그러면서 애굽에서 노예생활 할 때에 가마솥 가에서 먹던 음식을 추억하면서 하나님과 모세에 대한 원망과 불평을 늘어놓았다. 하나님의 인도하심보다는 먹는 것에 집착한 나머지 하나님께서 그들에게 주신 비전과 소명을 상실하고, 모두가 광야에서 죽음을 맞이했다. 식탐에 빠진 문화 속에서 하나님에 대한 비전이나 소명을 발견하기란 사막에서 오아시스를 찾기보다 더 힘든 일이 될 수도 있다. 광야 이스라엘 백성들은 집단적으로 식탐에 대한 유혹을 극복하지 못함으로 인하여 인생 전체를 낭비한 대표적인 경우이다. 식탐에 빠진 사회와 문화의 비극적인 결말을 보여준다.

음식을 먹는 것에서 즐거움과 만족을 추구하는 현재의 문화 속에서 모두가 미식가들이 된 듯한 착각을 하게 된다. 방송에서도 맛집과 요리에 대한 프로그램이 대단한 인기를 끌고 있다. 음식의 맛을 추구하는 미식가들은 결과적으로 많은 시간과 돈을 식욕을 만족시키는 데 사용하게 된다. 필요 없는 곳에 시간과 돈을 사용해서 낭비하는 것이 아니라, 필요 이상의 즐거움과 에너지를 섭취하는 일에 낭비하는 것이다. 식탐은 과식을 불러오고, 과식은 비만을 불러온다. 비만은 만병의 근원이며, 인류가 직면한 5대 재앙 중의 하나로 꼽힌다. 비만의 부작용을 잘 알고 있기 때문에, 비만을 방지하기 위해서 체중을 조절하는 일에 시간과 돈을 사용하게 된다.

  체중 조절을 위한 다이어트는 필요 이상의 에너지를 섭취함으로 발생한 잉여 에너지를 맹목적으로 낭비시키는 행위이다. 이렇게 본다면, 식탐은 이중 삼중으로 시간과 돈을 낭비하는 정말로 소모적인 전쟁이다. 뿐만 아니라, 먹고 마시는 일에 소모적인 전쟁을 하느라, 영혼은 무디어지고, 하나님의 부르심과 소명은 잊어버린 채, 인생을 엉뚱한 곳에 낭비하고 있다.

배고픔을 이기면 영성의 고수가 될 수 있다

에서의 실패는 순간적인 배고픔을 극복하지 못하고, 식탐에 빠져서 하나님이 주신 비전과 소명을 포기한 결과이다. 광야 이스라엘 백성들의 실패는 배고픔과 목마름을 극복하지 못한 실패였다. 배고픔과 목마름, 그리고 과식에 대한 욕구는 육체를 가진 모든 사람들이 극복해야 할 가장 큰 장애물이다. 예수님은 공생애를 시작하면서 먹는 것에 대한 유혹을 극복하고 승리하셨다. 이것은 최초의 인간인 아담의 실패를 회복하기 위해서 두 번째 아담으로 오신 예수님의 구원 사역의 특징을 보여준다. 예수님에게서 뿐만 아니라, 영성 훈련의 역사에서 빠질 수 없는 것이 금식이다. 영적으로 성숙한 사람들에게 있어서 금식은 그들이 먹고 마시는 것만큼이나 생활의 일부분이었다. 어떤 사람들은 정기적으로 금식하고, 어떤 사람들은 식사의 양이나 횟수를 줄이거나, 어떤 특정한 음식은 먹지 않는 부분 금식을 영성훈련의 규칙으로 삼기도 하였다.

  배고픔은 자신이 불편하게 느끼는 하나의 감각일 뿐이다. 어떤 면에서 배고픔은 정욕과 분노와 같다. 그렇기 때문에, 배고픔을 느낀다고 해서 반드시 음식을 먹을 필요는 없다. 잠자리에 들기 전에 배고픔을 느낀다면, 어떻게 할 것인가? 마음이 우울하고 스트레스가 쌓일 때 음식에 대한 욕구가 일어난다. 어떻게 할 것인가? 음식은 육체의 활동을 위한 에너지를 공급하는 연료이지, 우울이나 불안을 치료하는 정신의약품이 아니라는 사실을 명심하자. 배고픔에 항상 복종하게 되면, 육체적으로 절제할 수 없고, 영적으로 미묘하고 위험한 유혹에 쉽게 빠지게 된다. 식탐을 극복할 수 있으면, 다니엘이나 바울처럼 영성의 고수가 될 수 있다.

과식의 습성을 고쳐라

식탐은 모든 욕구의 출발이며, 모든 욕구의 마지막이다. 식탐을 철저하게 제어할 수 있는 사람은 다른 모든 욕구도 제어할 수 있다. 반대로 말하면, 식탐을 절제하지 못하고 번번이 실패하는 사람은 다른 어떤 유혹에 대해서도 승리할 수 없다. 간단히 말하면, 잘 차려진 뷔페식당에서 절제할 줄 모르는 사람은 권력이나 험담이나 야망의 죄 앞에서 참패하기 쉽다. 내 자신이 식탐을 잘 극복해서 하는 말이 아니라, 번번이 실패하고 후회하는 상황이 생각나서, 나의 안타까움을 역설적으로 표현하는 말이다.

　　식탐과의 전쟁은 평생 지속되는 것이다. 과식의 습성을 고쳐야 한다. 음식의 양을 줄이면, 처음에는 배가 악을 쓰면서 저항할 것이다. 그래도 과식의 습성은 작심을 하고 고쳐야 한다. 대체로 비만의 일차적인 원인은 습관성 과식이다. 음식에 대한 부주의한 습성 때문에 체중은 자꾸 늘어난다. 어떤 습관이든 그것을 고치려면 불편함과 고통을 느끼게 된다. 배고픔에 기계적으로 굴복하지 말고, 배고픔을 의식적으로 즐겨라. 이것이 식탐과 과식을 극복하는 출발점이다.

게으름은 영성 훈련의 두 번째 장애물이다

―――

음식이 영성의 일차적 에너지라면, 운동은 영성의 활력소이다. 운동에도 영성 훈련을 방해하는 심각한 장애물이 끈질기게 따라붙는다. 바로 게으름이다. 게으름은 영성 훈련의 두 번째 장애물이다. 비만의 주된 원인은 과식이다. 그 다음 원인은 운동부족이다. 식탐이 과식을 불러오듯이, 게으름이 운동부족을 불러온다. 게으름도 시간이 지나면 과식처럼 표시가 나게 되어 있다. 운동할 시간은 없다고 말하면서, 병원에 다니는 시간은 만만치 않다. 건강관리를 위해서 운동하는 데 시간을 아끼는 것 이상으로, 병원에 다니는 데 더 많은 시간을 낭비하게 될 것이다.

게으름은 영성을 질식시킨다

게으름은 영성을 질식시켜서 하나님의 진실한 청지기를 죽게 만드는 암살자이다. 게으름을 간단히 정리하면, 자기에게 주어지는 의무감을 무시하는 행동이다. 게으름은 자신의 안락과 편안함을 무엇보다도 앞세우는 행동이나 삶의 태도이다. 쉽게 표현하면 이런 식이다. '마음에 내키지 않는 일을 왜 하는가?' '귀찮고 불편한 일로 왜 고민하는가?' '재미도 없는 일을 왜 하는가?' 게으르면서도 신앙이 있다고 생각하는 사람은, 죄를 오로지 해서는 안 될 일로만 정의한다. 이런 관점으로만 생각한다면, 아무것도 하지 않으면, 죄 지을 일도 없고, 잘못할 일도 없다. 게으름의 종말은 인생을 허비하는 것이지만, 그 과정과 방식은 그렇게 흉하게 보이지 않을 수도 있다. 오히려 고상한 척, 우아하게 보일 수도 있다. 그러나 성경은 분명히 경고한다. 게으름은 죄 이상이다.

게으름은 하나님의 선한 청지기로 부름을 받은 우리로 하여금 하나님과 이웃에 대한 모든 의무감을 말살하는 태도이자, 인생을 통째로 낭비하는 태도이다. 게으른 사람은 자신이나 타인에게 아무런 유익을 끼치지 못한 채, 현재의 삶과 천국에서의 영원한 삶을 모두 잃어버리는 인생의 파괴자이다.

마태복음 25장에 기록된 달란트 비유에 등장하는 한 달란트 받은 자가 게으른 자의 대명사이다. 한 달란트 받은 자는 달란트를 맡긴 주인의 의도를 무시하였고, 자신에게 주어지는 의무감도 무시하였다. 오로지 자기의 안전과 편안함을 최우선으로 생각하고 행동하였다.(마 25:24-25) 안전과 편안함을 최우선으로 생각하는 한 달란트 받은 자의 변명에 대해서 주인은 이렇게 호통을 친다: "악하고, 게으른 종아!"(마 25:26) 여기서 우리는 '악함'과 '게으름'이 같이 붙어 다닌다는 사실에 주의할 필요가 있다. 게으른 종은 악한 종이다. 하나님과 이웃에 대한 모든 의무감을 무시하고 자신의 안전과 일신상의 안락만을 추구하는 종은 게으른 종이다. 동시에 악한 종이다. 아무것도 하지 않았기 때문에 게으른 종이며, 모든 의무감을 무시하였기 때문에 악한 종이다.

악함과 게으름이 붙어 다니듯이, '착함'과 '충성'도 붙어 다닌다. 한 달란트 받은 자와는 대조적으로 자신의 일신상의 안락보다는 주인에 대한 의무감을 앞세우는 태도로 살아간 다섯 달란트 받은 자와 두 달란트 받은 자는 똑 같은 칭찬을 받았다: "그 주인이 이르되, 잘하였도다! 착하고 충성된 종아! 네가 적은 일에 충성하였으매, 내가 많은 것을 네게 맡기리니, 네 주인의 즐거움에 참여할지어다."(마 25:21, 23) 이들은 주인이 시키는 대로 열심히 노력하였으니까, 게으른 종이 아니라 충성된 종이다. 동시에 주인이 맡긴 일에 대한 의무감을 자신의 편안함보다 앞세우는 태도로 행동하였으니까, 의무감을 일체 무시한 악한 종이 아니라 착한 종이다.

    게으른 것은 악한 것이며, 인생을 낭비하는 태도이지만, 겉으로 보기에는 그렇게 흉하게 보이지 않는다. 한 달란트 받은 자의 경우에서 보듯이, 오히려 자기를 정당화시키면서 우아하게 행동하는 것처럼 보일 수도 있기 때문에, 우리는 평소에 게으름이 얼마나 파괴적인지를 잘 모른다. 그러나 그 결과는 현재의 삶과 미래의 영원한 삶을 파괴하는 치명적인 것이다. 게으름은 속으로부터 소나무를 갉아 먹어서 나무의 수분과 양분이 이동하는 통로를 막아서 소나무를 말라 죽게 하는 재선충과 같다고 말할 수 있다. 게으름은 영적 삶의 골수 자체를 야금야금 갉아먹어서 파멸에 떨어뜨리는 영적 재선충이다. 한 달란트 받은 자의 결말은 게으름이 얼마나 파괴적이고, 악한 것인지를 충분히 보여 주고도 남는다.

우리의 영과 육을 모두 파괴시키는 영적 재선충인 게으름을 극복하기 위해서는 무엇보다도 청지기적 삶의 우선순위를 회복해야 한다. 우리는 창조 때부터 하나님의 청지기로 창조되었고,

하나님의 청지기로 부름을 받았다. 청지기적 부르심은 우리의 존재 양식임과 동시에 우리가 살아가는 삶의 방식이요, 의무이다. 청지기로 창조되었고, 청지기로 부름을 받았기 때문에, 우리의 모든 행동의 우선순위는 나의 일신상의 안락이 먼저가 아니라, 부르심에 대한 의무감이 먼저이다. 하나님과 이웃에 대한 의무감을 삶의 우선순위로 회복해야 게으름이라는 치명적인 영적 질병에서 벗어날 수 있다.

우리가 주님으로부터 결코 들어서는 안 될 한 마디의 말은 "악하고 게으른 종"이다. 반대로 우리 모두가 주님으로부터 반드시 들어야 하고, 듣기를 간절히 소망하며 노력해야 할 말은 "잘하였도다! 착하고 충성된 종"이다. "게으르다"는 말은 절대 들어서는 안 되는 말이다. 한 달란트 받은 게으른 종은 위험하고, 귀찮은 것은 아무것도 하지 않았지만, 인생을 통째로 허비하고, 파괴시키고 말았다. 이것이 겉으로 쉽게 드러나지는 않지만, 게으름과 나태가 숨기고 있는 파괴적인 힘이다.

꾸준한 운동이 게으름을 극복하는 출발이다

영적 게으름을 극복하기 위해서 사명감을 가지고 노력해야 한다. 어떻게 훌륭한 선수가 될 수 있는가? 어떻게 특정한 분야의 전문가가 될 수 있는가? 연습과 노력이다. 근육도 운동을 해야 생긴다. 영성 훈련도 마찬가지이다. 영혼도 운동을 하지 않으면, 영적인 근력이 생기지 않는다. 모든 것은 가꾸고 돌봐야 한다. 정원도 그렇고,

아이들도 그렇고, 사업도, 우리의 몸도 마찬가지이다. 영혼의 건강과 근력을 가꾸는 문제에 대해서 특별히 다르게 생각할 이유가 없다. 우리는 육체적이고 일상적인 삶을 영적 훈련과 성장을 위한 기회로 활용해야 한다. 육체적인 연습과 영적인 훈련 없이 잠자는 사이에 저절로 거룩해지는 사람은 하나도 없다.

나태함을 극복하고, 건강한 몸을 유지하는 실제적인 출발은 꾸준한 운동이다. 꾸준한 운동은 건강과 활력을 가져다주지만, 음식을 위안으로 삼으면 비만과 질병으로 인하여 허약해진다. 꾸준하고 지속적인 운동이 육체적 건강과 영적인 건강에 얼마나 중요한지는 아무리 강조해도 지나치지 않을 것이다. 남아프리카공화국의 위대한 지도자 만델라는 27년이라는 긴 세월을 감옥에서 보냈다. 그는 몸이 허약해지지 않도록 감옥 안에서 꾸준히 운동을 했다고 한다. 제자리 달리기, 팔굽혀 펴기, 윗몸 일으키기 등등. 그렇게 꾸준하고 지속적인 운동으로 자신을 관리했기 때문에, 그는 75세에 남아프리카공화국의 대통령이 될 수 있었다.

핵심은 각자에게 맞는 운동을 찾아서 꾸준히 지속하는 것이다. 수많은 신체 기능이 운동을 통해서 향상된다. 중요한 것은 노년에까지 운동을 지속하는 것이다. 생물학적으로 보면, 우리의 육체는 40대부터 근육의 양이 줄어들고, 심폐 기능이 떨어지기 시작하며, 해마다 평균 1퍼센트의 비율로 근육이 감소한다고 한다. 그런데 운동을 통해서 많은 부분을 보완할 수 있다고 한다. 운동으로 보완하지 않으면, 80대에는 근육의 양이 절반 정도로 떨어진다. 노년의 허약함이 대부분 여기서 비롯되는 것이다. 정보화 기술의 발달로 오늘날 대부분의 사람들은 의자에 앉아서 생활하는 시간이 점점 더 많아지기 때문에, 우리의 일과표에 운동은 반드시 들어가야 한다.

체력이 떨어지면 게으름과 나태함을 극복하기가 더 힘들어진다. '건강한 신체에 건강한 마음이 깃든다'는 말은 틀린 말이 아니다. 마찬가지로 '건강한 신체에 건강한 영성이 깃든다.' 건강한 영성을 유지하기 위해서는 건강을 관리하고, 체력을 유지하는 것이 필수적이다. 운동을 하되 너무 무리하지 말고, 현재의 몸 상태에 맞게 적정선을 지키는 것이 중요하다. 중요한 것은 과거가 넘겨준 몸이 아니라, 현재의 몸을 관리하는 것이다. 현재의 건강상태는 고려하지 않고, 과거를 만회하려고 몸 관리에 무리하면, 오히려 그것이 실패의 지름길이 될 수 있다.

핵심은 자신에게 활력을 주는 운동, 몸을 튼튼하게 해 주면서, 영혼까지도 세워주는 운동을 찾아서, 꾸준히 지속적으로 하는 것이다. 얼마 전에 원두커피를 잘 마시는 방법에 대한 간단한 설명을 들은 적이 있다. 나는 커피에 관해서는 문외한이기 때문에 아주 관심을 가지고 재미있게 들었다. 커피의 전문가를 자처하는 분이 설명을 다 하고 나서 이렇게 결론을 내렸다. "원두커피를 잘 마시는 최고의 방법은 자기에게 편한 대로 마시는 것이다." 내가 듣기에는 마지막 결론이 고수다운 한 마디의 말로 들렸다. 게으름과 나태함을 극복하고, 건강한 영성을 지키기 위한 운동도 마찬가지이다. 자기에게 맞게, 무리하지 않고, 편하게 꾸준히 할 수 있는 운동이 최고다.

운동시간을 영적으로 활용하라

건강한 영성을 유지하기 위해서는 자기에게 맞는 운동을 찾아서, 지속적으로 꾸준히 해야 한다. 여기서 한 가지 중요한 것은 운동과 영성 훈련을 결합하는 것이다. 운동 따로, 영성 훈련 따로 하면 시간도 많이 필요하고, 쉽지가 않다. 그리고 근본적으로 건강과 영성은 분리될 수 없는 것이기 때문에 운동하는 시간을 영적으로 활용하는 방법을 찾는 것이 매우 중요하다.

  운동에도 여러 가지 동기가 있을 수 있다. 예전에 미국에서 공부할 때, 여러 가지 운동을 시도해 본 적이 있다. 처음에는 체력을 유지하기 위해서였다. 운동을 하지 않으니까, 체력적으로 공부를 감당할 수가 없었다. 그래서 조깅도 해보고, 걷기도 해보고, 탁구도 쳐보고, 휘트니스 클럽에 가서 운동을 하기도 했다. 이것저것 해보면서 때로는 귀찮고, 때로는 불편해서 거의 다 포기하고, 지금까지 지속적으로 하는 것은 테니스이다. 그런데 테니스를 처음 시작할 때는 건강상의 이유로 시작했지만, 나중에는 공부와 목회의 스트레스를 해소하고, 나쁜 기억들을 잊어버리기 위한 운동으로 동기가 바뀌었다. 월요일 아침에 공원에 가서 오로지 공에 집중하면서 몇 시간 동안 게임을 하다 보면, 지난 한 주간의 여러 가지 스트레스와 나쁜 기억들을 쉽게 잊어버릴 수가 있었다. 그리고 거기에는 함께하는 사람들과의 친교가 가미되었다. 스트레스를 해소하기 위해서, 뭔가를 잊어버리기 위해서 운동을 할 때는 몸에 무리하게 하는 경우가 많이 있었다. 때로는 뙤약볕에서 아침 9시부터

오후 5시까지 게임을 한 적도 있었다. 이것은 어느 기준으로 보아도 과도하게 한 것이다. 무슨 일을 하든지 동기를 바로 세워야 한다. 운동도 마찬가지이다.

운동하는 시간을 영적으로 활용하기 위해서는 신앙에 기초한 운동을 해야 한다. 그것이 조깅이든, 걷기이든, 어떤 종류의 운동이든 간에 신앙에 기초한 동기를 가지고 운동을 시작하는 것이다. 무엇이든지 그것이 지속적인 습관으로 자리 잡기 위해서는 꾸준한 노력과 시간이 걸린다. 조깅이나 마라톤이 몸에 배이게 하기 위해서는 근력과 체력을 길러야 한다. 무슨 운동이든지 거기에 맞는 근육이 있다. 그 근육이 생기기까지는 시간이 걸린다. 건강이나 영적 성숙에 속성반이란 없다. 건강한 몸에 건강한 영성을 가진 성숙한 성도는 전자레인지에서 바로 익혀지는 것이 아니다. 슬로우쿠커 slow cooker 에서 천천히 끓이며 오랜 시간 다려야 성숙한 하나님의 사람(엑기스)이 만들어진다.

운동하는 시간을 영적으로 활용하는 가장 쉬운 방법은 운동과 기도를 융합시키는 것이다. 운동하는 시간에 기도하라는 것이다. 보통 사람들에게 권장하는 하루 운동량은 60-90분을 걷는 것이다. 하루에 60-90분을 꾸준히 걷는 다고 가정을 해 보자. 그 시간에 무슨 생각을 하면서 걷느냐는 대단히 중요하다. 나의 경험으로 미루어보면, 산책길을 걷는 시간은 기도에 집중하기 대단히 좋은 시간이다.

올레길의 원조라고 할 수 있는 스페인의 산티아고 순례길은 기도하면서 걷는 길이다. 수많은 순례자들이 예수님의 제자였던 야고보의 복음 전파의 길을 따라서 800km를 걷는다는 것은 영적으로나 육체적으로 대단히 유익한 시간이 아닐 수 없다. 800km를 걸으려면 보통 체력으로는 감당할 수 없다. 그리고 그 먼 거리를 걸으면서 그 긴 시간 동안 기도하고 묵상한다면, 영적으로 얼마나 유익한 시간이 되겠는가? 순례길을 걷는 것이 건강과 영성을 결합한 대표적인 전통적 모델이라고 말할 수 있다. 함께 사역하던 여전도사님 중에는 고혈압과 당뇨로 걱정하던 분이 있었는데, 걸으면서 기도하라는 말을 1년 넘게 실천하였다. 교회에서 혼자 기도할 때도 걸으면서 기도했다. 그 결과 고혈압과 당뇨와 체중이 정상으로 회복되었다. 운동과 영성 훈련을 융합하는 가장 좋은 방법은 자기에게 맞는 운동을 찾아서, 꾸준히 실천하는 것이다.

게으른 습관을 벗어버리라

우리의 영적 성장을 멈추게 하는 가장 큰 장애물은 게으름이다. 새해가 되면 누구나 새로운 계획을 많이 세운다. 그런데 연말이 되어서 지나간 한 해를 돌아보면, 연초에 세웠던 계획들이 실현되지 않고 무산된 것들이 많이 있음을 발견하게 된다. 무엇이 새해에 세운 많은 계획을 실행하지 못하게 만들었는가? 그 중에는 처음부터 실현 불가능한 계획들도 있었겠지만, 대부분은 게으름 때문일 것이다. 게으름이 새해의 수많은 결심들을 무산시킨다. 이것은 우리의 영적 성장에도 마찬가지이다. 우리는 누구나 영적 성장을 갈망한다. 문제는 그것을 지금 당장 속성으로 이루기를 원한다는 것이다. 눈에 보이는 결과가 빨리 나타나지 않으면 낙심하고 포기해 버린다. 영적 성숙은 하루아침에 이루어지는 것이 아니다. 올림픽에 출전하는 선수들이 매일 운동을 하고, 포기하지 않고 지속적으로 해야 되듯이, 영적 성숙도 한 걸음씩 달려가야 한다. 영성 훈련은 오랜 시간이 걸리는 지속적인 노력과 훈련의 과정이다.

게으름은 육체적인 훈련뿐만 아니라, 영적인 훈련을 방해하는 심각한 장애물이기 때문에, 성경은 게으름에 대해서 강하게 경고하고 책망한다: "우리가 너희와 함께 있을 때에도 너희에게 명하기를, 누구든지 일하기 싫어하거든 먹지도 말게 하라 하였더니, 11) 우리가 들은즉 너희 가운데 게으르게 행하여, 도무지 일하지 아니하고 일을 만들기만 하는 자들이 있다 하니, 12) 이런 자들에게 우리가 명하고, 주 예수 그리스도 안에서 권하기를, 조용히 일하여 자기 양식을 먹으라 하노라."(살후 3:10-12) 일하기 싫거든 먹지도 말라. 얼마나 강력한 경고의 말씀인가?

게을러서 일은 하지 않고, 먹기만 하는 사람들은 어떤 사람들인가? 이런 사람들은 좀 심하게 표현하면 강도의 무리이다. 한자 단어에 '불한당 不汗黨'이라는 말이 있다. 이 단어의 의미는 '떼를 지어 다니며 강도짓을 하는 무리'라는 뜻이다. '강도떼'라는 뜻이니까, 생각만 해도 끔찍한 무리들이다. 그런데 이 단어의 구성을 문자적으로 살펴보면, "땀을 흘리지 않는 무리"라는 뜻이다. 게을러서 땀 흘리는 수고는 하지 않으면서, 일을 만들기만 하고, 먹기만 하는 사람들은 문자 그대로 '불한당', 즉 '강도떼들'이다.

구약 성경에서도 게으름에 대해 강하게 경고하고, 공격한다.

"게으른 자여 네가 어느 때까지 누워 있겠느냐? 네가 어느 때에 잠이 깨어 일어나겠느냐? 10) 좀 더 자자, 좀 더 졸자, 손을 모으고 좀 더 누워 있자 하면, 11) 네 빈궁이 강도 같이 오며, 네 곤핍이 군사 같이 이르리라."(잠 6:9-11) "게으른 자의 욕망이 자기를 죽이나니, 이는 자기의 손으로 일하기를 싫어함이니라."(잠 21:25) 게으른 자는 자기를 죽이고, 인생을 낭비하는 사람이다. 그래서 히브리서는 이렇게 훈계한다: "우리가 간절히 원하는 것은, 너희 각 사람이 동일한 부지런함을 나타내어, 끝까지 소망의 풍성함에 이르러, 12) 게으르지 아니하고, 믿음과 오래 참음으로 말미암아 약속들을 기업으로 받는 자들을 본받는 자 되게 하려는 것이니라."(히 6:11-12) 간단히 말하면, 영성 훈련의 목적은 게으름을 극복하고, 하나님이 약속하신 은혜의 풍성함에 이르는 것이다. 게으름을 극복하라. 훈련을 멈추지 말라. 훈련에서 가장 중요한 것은 꾸준함이다. 나태함으로 인해서 마땅히 해야 할 일을 미루는 것은 눈덩이를 굴리는 것처럼 자신을 점점 더 힘들게 만들 뿐이다.

몸을 맡은 청지기이다

오늘날 교회가 영향력을 잃고 나약해졌다면, 그것은 일차적으로 성도들이 영적으로 나약해졌기 때문이다. 편안함과 즐거움만 추구하는 자리에서 돌아서서, 때로는 힘들고 고통스럽더라도 방종과 게으름에 적극적으로 맞서 싸워야 한다. 귀찮고 힘들더라도 사명에 집중하는 청지기로서 자신을 관리하고 성장시키는 영적 근력을 회복해야 한다.

건강한 성도로 성숙하는 영적 훈련은 식탐과 게으름을 극복하는 데서부터 시작된다고 해도 틀리지 않는 말이다. 한 달란트 받은 자에게서 보듯이, 소극적이고 수동적인 자세는 겸손이 아니라, 영적 덕목을 가장한 게으름일 뿐이다. 우리가 먹고 마시는 것을 포함한 모든 삶은 부르심을 받은 청지기적 사명에 집중되어야 한다. 인생이란 잘 먹이고, 잘 가꾸어서, 보기에 멀쩡하게 잘 보존된 몸으로 무덤에 도착하는 꽃놀이패가 아니다. 하나님이 쓰시기에 잘 준비된 거룩하고 건강한 몸으로, 하나님의 부르심에 마지막 순간까지 있는 힘을 다 소진하면서까지 열심히 달려가는 마라톤 경기이다.

되새김질을 위한 질문

1. 건강 관리에 있어서 가장 기본적인 요소는 무엇이라고 생각하십니까?

2. 최초의 인간인 아담이 죄를 범한 사건에 비추어 본다면, 영성 훈련의 첫 번째 장애물은 무엇이라고 생각하십니까?

3. 음식에 욕심이 들어가면 식탐이 됩니다. 식탐과의 전쟁에서 그 동기를 점검하는 근본적인 질문은 무엇이라고 생각하십니까?

4. 식탐과의 전쟁에서 실패하여 그들의 인생에 파괴적인 결과를 가져온 성경의 실례들을 열거해 봅시다.

5. 성경에서 식탐에 대한 유혹을 이기고 영적 전쟁에서 승리한 사람들을 열거해 봅시다.

6. 에서의 생활습관은 식탐에 빠진 문화를 대변한다고 말할 수 있습니다. 식탐에 빠진 시대의 문화적 특징은 무엇이라고 생각하십니까?

7. 체중 조절을 위한 다이어트는 어떤 면에서 이중 삼중으로 소모적인 전쟁이라고 말할 수 있습니까?

8. 영성 훈련의 두 번째 장애물은 무엇이라고 생각하십니까?

9. 게으름은 생활 속에서 무엇을 무시하고, 무엇을 추구하는 삶의 태도로 나타난다고 생각하십니까?

10. 게으름에 대해서 성경은 어느 정도로 강력하게 경고합니까?

11. 게으름과 나태함을 극복하는 구체적인 실천 방법은 무엇이라고 생각하십니까?

Chapter Seven

7
마음의 습관을 새롭게 하라

마음을 새롭게 하라
마음을 새롭게 변화시키는 주체는 성령이다
성령으로 거듭나야 삶이 바뀐다
그래도 기도해야 한다

마음의 습관을
새롭게 하라

7

　영성 훈련은 나의 삶 속에서 하나님이 활동할 수 있도록 마음의 공간을 비워드리는 훈련이다. 이것은 한두 번의 행동으로 되는 것이 아니라, 삶의 습관을 바꾸는 훈련이다. 그렇기 때문에 많은 시간과 노력이 수반되는 영적 훈련이다. 습관이 바뀌려면 훈련과 노력이 필요하지만, 근본적으로 마음이 바뀌어야 한다. 이런 면에서 영성 훈련은 근본적으로 마음의 습관을 바꾸어 가는 영적 성숙의 과정이다.

　앞에서 영성 훈련의 분명한 원칙을 한 가지 제시했다. 영성 훈련은 건강을 전제로 하고 있다는 것이다. 건강이 전제되지 않은 영성 훈련은 생각할 수도 없다. 인간은 하나님의 형상대로 만들어진 존재이지만, 육체를 가진 존재로 창조되었다. 그렇기 때문에 건강한 육체가 전제되지 않는 건강한 영성은 있을 수 없다. 따라서 건강이 없는 영성은 허상이다. 예배와 찬양과 수고와 봉사와 섬김을 포함한 모든 행동과 삶은 건강이 뒷받침될 때 가능하다.

영성 훈련은 건강을 전제로 하지만, 그렇다고 영성 훈련이 건강을 유지하기 위한 훈련이 되어서도 안 된다. 앞에서 언급한 대로 건강한 몸 관리에는 동기가 매우 중요하다. 건강을 위한 건강 관리는 자기만족을 위한 우상 숭배로 빠진다. 간단히 말하면, 영성이 빠진 건강은 우상이다. 영성 훈련은 건강과 영성, 이 둘 사이에서 어느 한 쪽으로 치우쳐서는 안 된다. 건강이 없는 영성은 허상이다. 동시에 영성이 빠진 건강은 우상이다. 우리의 육체와 영혼의 습관이 좌로나 우로나 치우침이 없이 아름다운 조화를 이루면서 하나님께로 나아가는 것이 이상적인 영성 훈련의 과정이다.

영성 훈련은 우리를 청지기로 부르신 하나님의 부르심에 즉각적으로 반응하는 순발력을 증진시키는 훈련이다. 하나님께서 쓰시기에 편리하시도록 훈련되어 가는 과정이다. 어떤 일이든지 훈련되지 않은 사람과 함께 하는 것은 대단히 힘들다. 능률도 오르지 않을 뿐더러, 때로는 엄청난 인내력이 요구되는 고역이 될 수도 있다. 반면에, 잘 훈련된 사람과 함께 팀을 이루어서 일을 하게 되면, 즐겁고 효과적으로 주어진 일을 잘 수행할 수 있을 것이다. 하나님의 청지기로 살아가는 것도 마찬가지다. 하나님이 쓰시기에 잘 훈련되어야 하나님이 기뻐하시는 지혜로운 청지기로 살아갈 수 있다. 이런 면에서 청지기 영성 훈련은 나의 몸과 마음을 하나님의 부르심에 적절하게 맞추어가는 훈련이다.

하나님의 부르심에 적절하게 반응하기 위해서는 우리의 몸과 마음의 습관이 바뀌어야 한다. 습관을 바꾸지 않고서는 한 두 번은 순종할 수 있을지 모르지만, 하나님과 지속적인 동행은 불가능하다.

습관을 바꾸기 위해서는 체질을 바꾸어야 한다. 몇 해 전에 귀 안에 피부가 가려워서 이비인후과에 간 적이 있다. 나의 피부 상태를 살펴본 의사는 귀를 긁지 말라고 말했다. 그러면서 그 다음에 한 마디 덧붙였다. "가려운데 안 긁을 수가 있습니까? 안 긁으려면 가렵지 않게 만들어야 되지 않겠습니까?" 이 말이 내 마음에 100% 공감이 되었다. 나도 긁고 싶지 않았다. 그러데 가려운데 어떻게 안 긁을 수가 있는가? 치료는 접어두고, 말인즉 맞는 말이다.

"긁지 말라." 아무리 말을 해도 안 된다. 가려우면 긁을 수밖에 없다. 가렵지 않게 만들어 주면, 긁지 않을 것 아닌가? 영성 훈련도 마찬가지이다. 우리의 삶이 바뀌기 위해서는 습관이 바뀌어야 한다. 습관을 바꾸기 위해서는 지속적인 연습과 훈련이 필요하다. 그러나 지속적인 연습과 훈련을 한다고 해서 모든 사람들의 삶이 바뀌는 것은 아니다. 삶이 바뀌기 위해서는 근본적으로 영적인 체질이 바뀌어야 한다. 영적인 체질이 바뀌지 않고서는 행동과 삶이 바뀌는 데는 한계가 있다. 행동이 바뀌고, 습관이 바뀌고, 삶이 바뀌기 위해서 무엇보다도 중요한 것은 마음이 바뀌어야 한다. 마음이 바뀌지 않고서는, 삶을 바꾸기 위한 모든 노력과 훈련은 일시적인 변화에 그치고 말 것이다. 삶이 바뀌기 위해서는 먼저 마음이 바뀌어야 한다.

마음을 새롭게 하라

삶이 바뀌기 위해서는 왜 마음이 바뀌어야 하는지 그 이유를 마태복음 13장에 기록된 '씨 뿌리는 자의 비유'를 보면 쉽게 알 수 있다. 씨를 뿌리는 자가 씨를 뿌렸는데, 씨앗이 네 종류의 서로 다른 환경에 떨어졌다. 씨앗은 천국 복음이고, 밭은 복음을 듣는 사람들의 마음상태이다. 하나님의 말씀에 서로 다르게 반응하는 네 종류의 마음을 네 종류의 밭에 비유하여 설명한다. 네 종류의 밭 중에서 세 종류의 밭이 각각의 다른 이유로 인해서 복음의 씨앗이 열매를 맺지 못한다.

첫 번째는 길가 밭이다. 씨를 뿌리는 자가 씨를 뿌렸는데, 씨앗이 길가에 떨어졌다. 길가에 떨어진 씨는 흙에 덮이지 않고 있다가, 새들이 와서 먹어버렸다. 씨앗이 싹이 나기도 전에 사라져버렸다. 결과적으로 말하면, 농부가 뿌린 씨앗이 열매를 맺지 못했다.

길가 밭과 같은 마음을 가진 사람은 천국 복음에 전혀 관심이 없는 사람이다. 떨어진 씨앗이 싹이 나기도 전에 사라져 버렸다. 천국 복음을 들어도 마음에 어떤 감동이나 변화가 전혀 없는 사람이다. 이런 사람들은 죄악에 사로잡혀서 진리에 무감각한 사람들이다. 오히려 진리의 말씀을 적극적으로 거부하고, 복음이 어리석은 것이라고 큰소리치는 사람들이다. 이런 사람들은 죄로 인해서 하나님과의 관계가 단절된 사람들이며, 악의 지배를 받고 있는 사람들이다. 죄악이 그들의 마음과 눈과 귀를 막고 있기 때문에 하나님의 말씀을 들을 수가 없다. 하나님께 불순종하고, 자기 의와

이기심으로 가득 찬 사람들이다. 이런 사람들의 심리적, 영적 상태를 간단하게 정의한다면, 로마서 1장 32절로 설명할 수 있을 것이다: "그들이 이 같은 일을 행하는 자는 사형에 해당한다고 하나님께서 정하심을 알고도, 자기들만 행할 뿐 아니라, 또한 그런 일을 행하는 자들을 옳다 하느니라."

두 번째는 흙이 얕은 돌밭이다. 흙이 얕은 돌밭은 얕은 흙 속에 돌이 묻혀 있기 때문에, 겉으로 보기에는 좋은 땅과 전혀 구별할 수 없다. 천국 복음을 들을 때는 아주 기쁨으로 받았다. 그러나 얕은 흙 속에 바위가 묻혀 있기 때문에 씨앗이 뿌리를 깊이 내릴 수가 없다. 뿌리를 깊이 내리지 못하니까, 조그마한 어려움에도 견디지 못하고 말라버렸다. 결과적으로 뿌려진 씨앗이 열매를 맺지 못했다.

흙이 얕은 돌밭과 같은 마음을 가진 사람은, 얕은 흙 속에 돌이 묻혀있듯이, 자기 내면에 해결되어야 할 문제를 가진 사람을 의미한다. 마음의 상처와 아픔으로 인하여 자기 내면에 무의식적인 방어선이 강하게 구축되어 있는 사람이다. 마음속에 구축되어 있는 자기 방어선을 '트라우마 trauma'라는 말로 표현할 수 있다. 어떤 사건이 자기 안에 구축된 방어선을 침범했다고 생각되는 순간 강력한 과민반응을 보인다. 이런 외부적인 자극을 비유에서는 '환난이나 박해'(마 13:21)라고 표현하고 있다. 쉽게 말하면, 자기가 무시당하고, 공격당하고 있다고 느끼는 상황이다. 이런 상황이 벌어지면, 마음속에서 자기도 통제할 수 없는 과민반응이 일어난다. 무의식적인 영역에서부터 시작된 '마음의 과민반응'을 '트라우마

trauma'라고 표현한다. '자라보고 놀란 가슴, 솥뚜껑보고 놀란다'는 속담이 '마음의 과민반응'을 잘 설명해 준다. 자라를 보고 굉장히 놀랐던 경험이 있는 사람은 그 때의 충격이 마음 속 무의식의 영역에 기억되어 있다가, 어두컴컴한 곳에서 자라와 비슷하게 생긴 솥뚜껑을 보는 순간 마음속에서 자기도 모르게 자라가 연상되면서, 자라를 보고 놀랐던 때와 똑 같은 반응을 하게 된다. 솥뚜껑을 보고 자라를 보고 놀랐을 때와 똑 같은 반응을 보였으니, 얼마나 지나친 과민반응인가? 그 상황이 지나고 나면, 자신도 괜한 일어 쓸데없이 지나치게 놀랐다고 생각하게 된다. 이런 현상은 상식적으로, 논리적으로 설명될 수 없는 과민반응이다.

마음의 과민반응은 이성과 논리적 단계를 건너뛰어서 일어난다. 과거의 상처와 충격이 치료되지 않은 상태로 자기 마음 속 깊은 곳에 자리를 잡고 있다가, 그와 비슷한 상황이 벌어졌다고 생각되는 순간 자기 스스로도 논리적으로 통제할 수 없는 상태에서 강력한 과민반응을 보인다. 마음의 상처와 아픔이 치유되지 않은 상태로 무의식의 영역에 자리를 잡고 있다면, 그것은 얕은 흙 속에 감추어진 바위와 같아서 복음이 마음 속 깊이 뿌리를 내리지 못하게 한다. 마음속에 기억되어 있는 상처와 아픔이 '환난이나 박해'로 표현된 외부적 자극에 의해서 활성화되는 순간, 상식적으로 이해할 수 없는 마음의 과민반응이 일어나고, 뿌리가 얕은 복음은 열매를 맺지 못하고 말라 버린다.

세 번째는 가시떨기 밭이다. 가시떨기에 떨어진 씨앗은 처음에는 뿌리를 내리고 잘 자란다. 그러다가 가시에 기운이 막혀서 열매를 맺지 못한다. 복음의 씨앗이 열매를 맺지 못하도록 방해하는 가시를 '세상의 염려와 재물의 유혹'(마 13:22)이라고 설명한다. 결과적으로, 가시떨기 밭에 떨어진 씨앗도 열매를 맺지 못했다.

 가시떨기 밭과 같은 마음을 가진 사람은 자신과 세상과의 관계에 문제가 있는 사람이다. 흙이 얕은 돌밭은 자신의 내면적인 문제로 복음이 열매를 맺지 못하는 사람이라면, 가시떨기 밭은 자신과 외부적인 관계의 문제로 복음이 열매를 맺지 못하는 사람이다. 가시떨기에 떨어진 씨앗은 자라면서 지속적으로 가시와 경쟁을 해야 한다. 그러다가 그 경쟁을 극복하지 못하고 말라버린다. 이런 사람은 자신과 세상과의 모든 관계를 투쟁적 경쟁관계로 설정하고 살아가는 사람이다. 투쟁적 경쟁심으로 가득 찬 마음에는 항상 불안과 두려움이 엄습한다. 불안과 두려움에 사로잡힌 사람은 외부적 유혹에 취약할 수밖에 없다. 지나친 경쟁심이 지배하는 소비자 중심적인 자본주의 환경에서는 대부분의 사람들이 영성을 생각할 마음의 여유조차 가질 수 없는 형편에 처해 있다. 지나친 경쟁심이 복음의 씨앗이 열매를 맺지 못하고 질식하게 만들고 있다.

 열매를 맺지 못하는 세 종류의 마음 밭을 간략하게 살펴보았다. 여기서 우리는 한 가지 질문을 심각하게 생각해 보아야 한다. 마음이 문제냐? 씨앗이 문제냐? 마음을 그대로 두고 다시 씨앗을 뿌리면 어떻게 되겠는가? 마음을 바꾸지 않고서는 몇 백 번 반복해서 씨앗을 뿌려도 결과는 마찬가지이다. 복음의 씨앗이 열매를 맺지 못할 것이다. 문제는 씨앗이 아니라, 마음이다. 마음이 바뀌지 않으면,

복음의 씨앗을 아무리 여러 번 반복해서 뿌려도 열매를 맺을 수 없다. 복음의 씨앗이 풍성한 열매를 맺기 위해서는 마음이 바뀌어야 한다. 이것이 '씨 뿌리는 자의 비유'를 통해서 예수님께서 가르치는 메시지이다.

"마음을 새롭게 하라." 원칙은 간단하다. 그러나 실천은 결코 간단한 문제가 아니다. 내가 나의 마음을 바꿀 수 있는가? 작심하면, 아주 조금은 바꿀 수 있다. 우리의 마음의 전체 분량을 100으로 계산한다면, 의지적 노력으로 바꿀 수 있는 마음의 영역은 기껏해야 10%정도 밖에 되지 않는다. 왜냐하면, 우리의 마음에서 일어나는 활동 중에서 90%정도는 우리의 의지와 논리의 영역을 벗어난 무의식의 영역에서 일어나는 현상이기 때문이다. 다른 말로 설명하면, 의지적인 노력으로 마음의 수양을 한 사람과 그렇지 않는 사람의 차이는 10%정도 밖에 되지 않는다는 것이다. 일평생 마음의 수양을 하고 도를 닦아도 인간의 본성적인 한계를 극복할 수 없다. 그 이유는 간단하다. 마음의 활동 중에서 90%정도가 의지적인 노력으로 통제할 수 없는 연상 작용에 의한 무의식의 영역에서 일어나는 현상이기 때문이다.

종종 독백조로 하는 말 중에, '내 마음 나도 모르겠다'는 말이 있다. 딱 맞는 말이다. 내 마음 나도 모른다. 90%이상이 의지적인 노력으로 통제할 수 없는 무의식의 영역에서 일어나는 마음의 현상을 내가 어떻게 통제할 수 있겠는가? 성경도 이 말을 전적으로 인정한다: "만물보다 거짓되고 심히 부패한 것은 마음이라. 누가

능히 이를 알리요마는."(렘 17:9)

　　사람이 잘 바뀌지 않는 이유가 여기에 있다. 자신의 마음을 자기 스스로 통제할 수 없기 때문에 사람이 잘 바뀌지 않는 것이다. 작심삼일 作心三日 이란 말도 이런 이유 때문에 생겨난 것이다. 내가 나의 마음을 통제할 수 없기 때문에, 자신의 의지적인 노력과 생각으로는 삶을 근본적으로 바꿀 수 없다. 어릴 때 어른들에게서 이런 이야기를 들은 기억이 있다. 옛날 농촌에서 어떤 사람이 노름 때문에 일 년 동안 고생하면서 농사지은 것을 다 탕진하는 사람이 있었다. 이 사람의 노름 버릇은 매년 반복되었고, 그래서 빚더미에 앉아서 힘들게 살고 있었다. 그래서 하루는 다시는 노름을 하지 않겠다고 결심을 하고 화투를 절대 만지지 않겠다는 결단의 표시로 손가락을 잘랐다고 한다. 그런데 며칠 지나서 보니까, 그 사람이 노름판에 앉아서 발가락에 화투를 끼워서 노름을 하고 있더라는 이야기다. 내 마음 나도 모른다. 내 마음을 나도 통제할 수 없다.

그러면 마음을 새롭게 하는 일은 불가능한 일인가? 그렇다. 불가능한 일이다. 나의 의지적 노력으로는 나의 마음을 새롭게 변화시킬 수 없다. 왜냐하면, 마음의 문제는 근본적으로 우리 안에 죄가 들어옴으로써 시작된 문제이기 때문이다. 우리 마음에 들어온 죄를 제거하지 않고서는 마음을 바꿀 수가 없다. 최초의 인간 아담이 타락한 장면을 생각해 보면, 죄가 들어온 첫 번째 증상이 하나님과의 관계가 단절되는 것이다. 아담이 하나님의 낯을 피하여 동산 나무 사이에 숨었다(창 3:8). 범죄함으로 제일 먼저 시작된 것이 길가 밭과 같은 상태이다. 죄가 마음에 들어온 두 번째 증상은 자기의 벗은 것 때문에 하나님의 음성을 듣고 두려워하였다.(창 3:10) 자기의 약점, 자기의 부끄러움 때문에 하나님의 말씀을 듣고 순종할 수가 없다. 흙이 얕은 돌밭과 같은 마음 상태가 되었다. 죄가 마음에 들어온 세 번째 증상은 불안과 두려움으로 인하여 자기 안전에 집착한 나머지 모든 관계를 투쟁적 경쟁관계로 인식하는 것이다. 아담은 자기 잘못에 대해서 하나님을 탓하고, 하와를 탓하였다.(창 3:12) 가시떨기 밭과 같은 상태가 되었다. 따라서 우리의 마음을 변화시키는 것은 의지적인 노력의 문제가 아니라, 우리 마음에 들어온 죄를 제거하는 영적인 수술이다. 인간은 누구든지 자기 스스로 자기 마음에서 죄를 제거하는 영적인 수슬을 할 수 없다.

마음을 새롭게 변화시키는 주체는 성령이다

우리 마음에서 죄를 제거하는 영적인 수술은 하나님만이 하실 수 있다. 아담 이후에 이 땅에 살아가는 사람들은 어떤 이유로든 간에 마음속에 상처와 아픔을 가지고 있다. 이런 상처투성이인 마음에서 문제의 근원인 죄를 제거하고 마음의 아픔과 상처를 치유하여 마음을 새롭게 변화시키는 것은 전적으로 성령의 사역이다. 마음을 새롭게 하기 위해서는 마음속에 깊이 뿌리 박혀 있는 죄를 제거하는 성령의 수술을 받아야 한다.

    요한복음 3장에 보면, 예수님께서 율법사인 니고데모와의 대화를 통해서 거듭남의 신비를 설명하는 말씀이 있다. 한밤중에 찾아온 니고데모에게 예수님은 "사람이 거듭나지 아니하면 하나님의 나라를 볼 수 없다."(요 3:3)고 말씀하셨다. 이 말씀에 대해서 니고데모는 사람이 늙으면 어떻게 거듭날 수 있느냐고 질문을 하였다. 니고데모의 질문에 예수님은 이렇게 답변하셨다: "사람이 물과 성령으로 나지 아니하면, 하나님 나라에 들어갈 수 없느니라."(요 3:5) 그러면서 예수님은 육으로 난 것은 육이요, 영으로 난 것은 영이라고 분명히 말씀하시고, 사람이 성령으로 나지 않으면 하나님 나라에 들어갈 수 없다고 말씀하셨다. 여기서 '물'은 일반적으로 회개와 세례를 의미한다. 다시 말하면, 사람이 회개하고, 죄 사함 받고, 성령으로 거듭나야 하나님 나라의 백성이 될 수 있다는 말이다.

　　인간의 마음이 성령으로 거듭나야 한다는 것은 예수님이 처음으로 말씀하신 것이 아니라, 이미 구약에서 여러 군데 예언된 말씀이다. 거듭남에 관한 니고데모의 질문에 대한 예수님의 답변은 구약의 예언서에 근거한 답변이다: "또 새 영을 너희 속에 두고, 새 마음을 너희에게 주되, 너희 육신에서 굳은 마음을 제하고, 부드러운 마음을 줄 것이며, 27)또 내 영을 너희 속에 두어 너희로 내 율례를 행하게 하리니, 너희가 내 규례를 지켜 행할지라."(겔 36:26-27) 인용한 말씀 바로 앞에 있는 에스겔 36장 25절에서는 맑은 물을 뿌려서 이스라엘을 더럽힌 모든 죄악과 우상숭배의 죄를 깨끗이 제거하겠다고 말씀한다. 그리고 나서, 26절에서는 새 영을 너희 속에 두어서 새로운 마음을 이스라엘에게 주겠다고 말씀한다. 예수님이 답변하신 대로 "물과 성령으로" 거듭남을 말씀하고 있다. 니고데모는 율법사로서 구약의 말씀에 익숙한 사람이었지만, 그 의미를 제대로 이해하지 못한 것이다. 이러한 예언서의 배경에 근거해서 예수님은 니고데모를 이렇게 책망한다: "너는 이스라엘의 선생으로서 이러한 것들을 알지 못하느냐."(요 3:10) 니고데모의 질문에 대한 예수님의 답변을 요약하면, 사람이 물과 성령으로 거듭나지 않고서는 하나님 나라에 들어갈 수 없다. 성령의 역사가 아니고서는 사람이 거듭날 수 없다. 우리에게서 굳은 마음을 제거하고 부드러운 마음으로 바꾸어서 마음을 새롭게 하는 주체는 성령이시다.

우리 스스로는 우리의 마음을 바꿀 수가 없다. 마음을 새롭게 바꾸기 위해서는 전적으로 성령의 도우심을 받아야 한다. 수술대에 누운 환자가 자기의 몸을 온전히 의사에게 맡기고 수술을 받듯이, 죄로 오염된 우리의 영혼과 육체를 온전히 성령께 맡기고 성령의 수술을 받아야 한다. 우리가 성령의 수술을 받는 구체적인 과정을 사도행전에서는 이렇게 말씀한다: "베드로가 이르되, 너희가 회개하여 각각 예수 그리스도의 이름으로 세례를 받고, 죄 사함을 받으라. 그리하면 성령의 선물을 받으리니."(행 2:38) 이 말씀 역시 예수님께서 니고데모에게 답변하신 대로, "물과 성령으로" 거듭남의 과정을 말씀하는 것이다. 누구든지 물과 성령으로 거듭나지 아니하면, 하나님의 자녀가 될 수 없다. 물과 성령으로 거듭나지 아니하면, 하나님의 나라를 상속으로 받을 수 없다. 죄에 물든 우리의 마음에서 죄를 제거하고, 새로운 마음으로 거듭나게 해서 하나님의 자녀가 되게 하는 주체는 성령이시다.

성령으로 거듭나야 삶이 바뀐다

마음이 성령으로 거듭나야 삶이 바뀐다. 성령으로 거듭나야 삶이 바뀌는 이유를 간단하게 세 가지로 정리할 수 있다. 첫 번째 이유는, 성령으로 거듭나야 하나님의 말씀을 깨달을 수 있다. 인간이 지식을 습득하는 가장 중요한 방법은 보고, 듣고 깨닫는 것이다. 사물을 보고, 듣는 대로 다 깨닫는다면 그 사람은 천재 중에서도 천재이다. 그런데 어떤 사람들은 아무리 보여주고, 들려주어도 깨닫지 못하는 사람들이 있다. 이해력이 떨어지는 사람은 아무리 보고 들어도 깨닫지를 못한다. 일반적으로 보고, 들은 것을 깨닫기 위해서는 우리 안에 그것들을 이해할 수 있는 능력이 있어야 한다. 똑 같은 사실을 보고 들어도 그 분야의 전문가와 비전문가 사이의 이해력의 차이는 하늘과 땅만큼이나 클 수도 있다.

    우리가 영적인 진리를 깨닫는데도 똑 같은 원칙이 적용된다. 우리가 하나님의 말씀을 보고, 듣고 그 의미를 깨닫기 위해서는 우리 안에 보고, 들은 말씀을 이해할 수 있는 능력이 있어야 한다. 우리가 하나님의 진리를 깨닫기 위해서는 두 가지 과정이 필요하다. 첫 번째 단계는 하나님께서 우리에게 진리를 보여주고, 들려주어야 한다: "오직 하나님이 성령으로 이것을 우리에게 보이셨으니, 성령은 모든 것, 곧 하나님의 깊은 것까지도 통달하시느니라."(고전 2:10) 하나님께서 진리를 열어서 보여주시는 것을 '계시 啓示'라고 정의한다. 우리에게 감추어졌던 것을 하나님께서 열어서 보여주시는 것이다. 하나님께서 열어서 보여주시지 아니하면, 우리가 하나님의 뜻이나 계획을 알 수 있는 방법은 없다.

두 번째 단계는 보고, 들은 것을 깨달을 수 있는 능력이 있어야 한다. 하나님께서 보여주시고, 들려주었지만, 그것을 이해하고 깨달을 능력이 없으면, 아무런 소용이 없다. 예를 들면, 영어를 전혀 알아듣지 못하는 사람에게 어떤 사실을 영어로 아무리 자세하게 설명을 해도 그 사람은 전혀 이해할 수 없고, 깨달을 수 없다. 마찬가지로 하나님의 계시의 말씀을 이해하고, 깨닫기 위해서는 우리 안에 그 말씀을 이해할 수 있는 능력이 있어야 한다. 이러한 원리를 고린도전서에서는 이렇게 말씀한다: "사람의 일을 사람의 속에 있는 영 외에 누가 알리요. 이와 같이 하나님의 일도 하나님의 영 외에는 아무도 알지 못하느니라. 12) 우리가 세상의 영을 받지 아니하고 오직 하나님으로부터 온 영을 받았으니, 이는 우리로 하여금 하나님께서 우리에게 은혜로 주신 것들을 알게 하려 하심이라."(고전 2:11-12)

성령으로 거듭나야 진리의 말씀을 깨달을 수 있다는 원리를 고린도전서 2장의 말씀에 근거하여 간단히 정리하면 이렇다. 하나님의 일은 하나님의 영 외에는 아무도 알 수 없다. 그래서 하나님의 뜻을 알기 위해서는 하나님의 계시가 반드시 필요하다. 그리고 거듭난 사람들은 그 마음속에 성령이 계시기 때문에 하나님의 일을 깨달을 수 있는 능력이 있다. 따라서 성령으로 거듭난 사람이라야, 하나님이 계시하신 진리의 말씀을 보고, 듣고, 깨달을 수 있다.

성령으로 거듭나야 삶이 바뀌는 두 번째 이유는, 마음이 성령으로 거듭나야 생각의 체계가 바뀐다. 예수님은 거듭남의 신비를 깨닫지 못한 니고데모에게 "육으로 난 것은 육이요, 영으로 난 것은 영"(요 3:6)이라고 말씀하셨다. 니고데모는 육으로 난 생각의 체계를 가지고, 영적인 일을 이해하려고 하니까 도저히 이해할 수가 없었다. 영적인 일을 이해하기 위해서는 생각의 체계가 영적인 것으로 바뀌어야 한다. 사람이 거듭나기 전과 거듭난 후의 생각의 체계가 어떻게 달라졌는지를 바울 사도는 이렇게 설명한다: "그러므로 우리가 이제부터는 어떤 사람도 육신을 따라 알지 아니하노라. 비록 우리가 그리스도도 육신을 따라 알았으나, 이제부터는 그같이 알지 아니하노라."(고후 5:16)

동일한 사물이라도 보는 관점에서 따라서 보이는 것이 완전히 달라진다. 사람이 거듭나기 전에는 육신의 관점에서 세상과 사물을 보고 평가한다. 거듭난 후에는 성령의 관점에서 세상과 사물을 보고 평가한다. 이 두 가지 관점이 어떻게 다른지를 예수님께 적용시켜서 설명할 수 있다. 육신의 관점을 따라서 예수님을 평가하면, 예수님은 어떤 분인가? 육신을 따라서 예수님을 평가한 대표적인 경우가 예수님의 고향사람들이다. 예수님의 고향 사람들은 예수님이 회당에서 가르치는 것을 보고 놀랐다. 그리고 예수님에 대해서 이렇게 평가했다: "안식일이 되어 회당에서 가르치시니, 많은 사람이 듣고 놀라 이르되, 이 사람이 어디서 이런 것을 얻었느냐? 이 사람이 받은 지혜와 그 손으로 이루어지는 이런 권능이 어찌됨이냐? 3) 이 사람이 마리아의 아들 목수가 아니냐? 야고보와 요셉과 유다와 시몬의 형제가 아니냐? 그 누이들이 우리와 함께 여기 있지 아니하냐 하고, 예수를 배척한지라."(막 6:2-3) 한번은 예수님이 제자들에게 세상 사람들이 자기에 대해서 어떻게 생각하는지를 물었다: "예수께서 빌립보 가이사랴 지방에 이르러, 제자들에게 물어 이르시되, 사람들이 인자를 누구라 하느냐? 14) 이르되 더러는 세례 요한, 더러는 엘리야, 어떤 이는 예레미야나, 선지자 중의 하나라 하나이다."(마 16:13-14) 간단히 정리하면, 육신의 관점에서 예수님을 바라보고 평가하면, 예수님은 목수의 아들이거나, 기껏해야 선지자 중의 한 사람으로밖에 보이지 않는다.

성령의 관점에서 예수님을 평가하면 어떻게 달라지겠는가? 예수님이 공생애를 시작하면서 처음으로 군중들에게 나아오실 때에 세례 요한은 무리들에게 예수님을 목수의 아들이나, 선지자 중의 한 사람으로 소개하지 않았다: "이튿날 요한이 예수께서 자기에게 나아오심을 보고 이르되, 보라! 세상 죄를 지고 가는 하나님의 어린 양이로다."(요 1:29) 그리고 예수님은 제자들에게 사람들이 예수님을 누구라고 생각하는지 물은 다음에 제자들에게도 똑같은 질문을 했다. 예수님의 질문에 베드로는 이렇게 대답했다: "이르시되, 너희는 나를 누구라 하느냐? 16) 시몬 베드로가 대답하여 이르되, 주는 그리스도시요, 살아 계신 하나님의 아들이시니이다."(마 16:15-16) 베드로의 대답을 들은 예수님은 이렇게 칭찬하셨다: "예수께서 대답하여 이르시되, 바요나 시몬아 네가 복이 있도다. 이를 네게 알게 한 이는 혈육이 아니요, 하늘에 계신 내 아버지시니라."(마 16:17)

육신의 관점에서 바라본 예수님은 목수의 아들이나, 선지자 중의 한 사람이었지만, 성령의 관점으로 바라본 예수님은 메시아요,

하나님의 아들이었다. 성령의 관점이 아니고서는 예수님을 하나님의 아들로 고백할 수 없고, 메시아로 믿을 수 없다. 이와 같이 성령으로 거듭남은 세상을 바라보는 관점을 바꾸어주고, 생각의 체계를 변화시킨다. 육체를 따라 자신의 기준에서 세상과 인생을 바라보고 평가하던 데서, 성령을 따라 하나님의 관점에서 세상과 인생을 바라보고 평가하게 만들었다. 보이는 것이 달라졌는데 삶이 바뀌지 않을 수 있는가?

성령으로 거듭나야 삶이 바뀌는 세 번째 이유는, 마음이 성령으로 거듭나야 성품과 신분과 행동이 바뀐다. 성령으로 거듭나기 전에는 우리의 마음에 죄가 자리 잡고 있었기 때문에 죄에 오염된 성품으로 죄의 종으로 살아갈 수밖에 없었다. 그러나 성령은 우리 마음에서 죄를 제거하고, 성령을 부어주셔서 하나님께 속한 사람으로 바꾸어 놓았다: "하나님께 감사하리로다. 너희가 본래 죄의 종이더니, 너희에게 전하여 준 바 교훈의 본을 마음으로 순종하여, 18) 죄로부터 해방되어 의에게 종이 되었느니라."(롬 6:17-18) 성령으로 거듭난 사람은 더 이상 죄의 속박에 매여 있는 사람이 아니다. 죄의 성향을 벗어버리고, 성령 안에서 의를 따라 살아간다. 다시 말하면, 성령으로 거듭난 사람은 죄의 종에서 의의 종으로 신분이 바뀌게 될 것이다.

    소속과 신분이 바뀌면 행동이 바뀌는 것은 너무나 당연한 것이다. 성령으로 거듭난 사람은 죄에 오염된 성품이 성령으로 거룩하게 되었을 뿐만 아니라, 신분이 죄의 종에서 의의 종으로 바뀌었다. 거듭남으로 인하여 성품과 신분이 바뀌었으니 이제는 행동도 신분에 맞게 바뀌어야 한다: "너희 육신이 연약하므로 내가 사람의 예대로 말하노니, 전에 너희가 너희 지체를 부정과 불법에 내주어 불법에 이른 것 같이, 이제는 너희 지체를 의에게 종으로 내주어 거룩함에 이르라."(롬 6:19) 우리의 신분은 우리의 소속에 따라서 결정된다. 죄에 속하여서 죄악에 이끌려 살아가는 사람은 죄의 종이다. 반면에, 성령으로 거듭나서 하나님께 속한 자로서 하나님께 순종하는 사람은 의의 종이다. 따라서 성령으로 거듭난 사람은 신분이 죄의 종에서 의의 종으로 바뀌었다. 삶의 모습이 죄악이끌려 죄를 범하던 자리에서 성령의 인도하심을 따라 하나님께 순종하는 삶으로 바뀌었다.

간단히 정리하면, 우리의 마음이 성령으로 거듭나야 삶이 바뀐다. 성령으로 거듭나야 하나님께서 계시하신 진리의 말씀을 깨달을 수 있고, 성령으로 거듭나야 육신에 속한 생각의 체계에서 성령에 속한 생각의 체계로 바뀐다. 성령으로 거듭나야 죄악에 물든 성품이 거룩한 성품으로 바뀌고, 하나님께 불순종하는 삶에서 순종하는 삶으로 바뀐다. 우리의 마음이 바뀌어야 생각이 바뀌고, 행동이 바뀌고, 습관이 바뀐다. 마음이 새롭게 변화되어야 삶이 새롭게 변화된다. 모든 변화의 근본적인 출발은 마음의 변화에서 시작된다. 마음을 변화시키는 주체는 성령이다. 오직 성령 만이 우리의 육신에서 굳은 마음을 제거하고, 부드러운 마음으로 바꾸어 줄 수 있다. 따라서 삶의 근본적인 변화를 위해서는 전적으로 성령의 도우심을 구하고, 성령의 인도하심을 따라 순종해야 한다. 왜냐하면,

성령이 거듭남의 주체이기 때문이다.

그래도 기도해야 한다

우리의 마음을 변화시키는 주체는 성령이시다. 내가 나의 마음을 바꿀 수 없다. 성령이 나의 마음을 거듭나게 한다. 성령이 거듭남의 주체이지만, 그래도 우리는 기도해야 한다. 기도는 영성 훈련에 있어서 가장 기본적이고, 필수적인 실천행동이다. 우리가 하나님의 절대주권을 믿고, 고백하지만, 그래도 우리가 기도해야 하는 이유를 에스겔 36장에서 찾을 수 있다: "주 여호와께서 이같이 말씀하셨느니라. 그래도 이스라엘 족속이 이같이 자기들에게 이루어 주기를 내게 구하여야 할지라."(겔 36:37) 이 말씀 앞의 내용을 보면, 하나님께서 바벨론에 포로로 잡혀온 이스라엘 백성들을 회복시키겠다고 약속하셨다. 이스라엘 백성들이 하나님께 불순종하고, 악을 행함으로 자기들의 땅을 더럽혀서 나라가 망하고 바벨론에 포로로 잡혀 왔다. 그들을 하나님께서 정결하게 만들어서 약속의 땅으로 회복시키겠다고 약속하신 것이다. 맑은 물을 뿌려서 그들을 정결하게 씻어 주고(겔 36:25), 새 영을 그들 속에 두어서 그들의 마음에서 굳은 마음을 제거하고 부드러운 새 마음을 주시겠다고 약속하셨다.(겔 36:26) 그리고 그들을 약속의 땅으로 돌아오게 해서 무너진 성읍을 재건하고, 황폐하게 된 그 땅을 '에덴동산 같이'(겔 36:35) 만들겠다고 약속하셨다. 이 모든 것을

하나님이 약속하시고, 하나님께서 이루시겠다고 선포하셨다.(겔 36:36)

　　이스라엘 땅에서 수천 키로 미터 떨어진 바벨론 땅에 포로로 잡혀간 이스라엘 백성들이 자력으로 돌아와서 나라를 재건한다는 것은 불가능한 일이다. 아무도 방해하지 않아도 스스로 할 수 없는 상황인데, 제국의 통치 아래서 포로로 살아가던 극히 소수의 민족이 어떻게 멀리 떨어진 이국땅에서 독립하여 자기 고향으로 돌아와서 나라를 재건할 수 있겠는가? 하나님께서 그 일을 이루어주시겠다고 약속하셨다. 엄청난 구원을 약속하신 하나님께서 이스라엘 백성들에게 요구하신 것이 한 가지 있다. "그래도 이스라엘 족속이 이같이 자기들에게 이루어 주기를 내게 구하여야 할지라."(겔 36:37)

　　거듭남의 역사는 전적으로 성령의 사역이다. 우리의 힘으로, 우리의 노력으로는 거듭날 수 없다. 그럼에도 불구하고, 우리는 기도해야 한다. 우리가 하나님께 기도해야 할 가장 중요한 이유는 하나님의 요구 사항이기 때문이다. 우리가 기도를 통해서 하나님을 설득하고, 감동시킬 수 있는 것도 아니다. 우리가 기도해서 하나님을 강압적으로 복종시킬 수 있는 것은 더 더욱 아니다. 여기서 신학적인 순서와 논쟁은 잠시 접어두고, 우리가 거듭남과 영적 성숙을 위해서 기도해야 할 단 한 가지 이유는 하나님의 요청이기 때문이다. 하나님께서 주권적인 재량권을 가지고 우리의 모든 죄를 깨끗하게 씻어 주시고, 성령으로 거듭나게 하실 것이다. 이 일은 하나님만이 하실 수 있다. 전적으로 하나님께서 이 일을 하시지만, 그래도 우리는 기도해야 한다. 왜냐하면, 하나님께서 그렇게 하라고 요구하시기 때문이다. 그래서 사도행전은 거듭남의 과정을 이렇게 말씀한다: "베드로가 이르되, 너희가 회개하여, 각각 예수 그리스도의 이름으로 세례를 받고, 죄 사함을 받으라. 그리하면 성령의 선물을 받으리니."(행 2:38) 회개하고, 죄 사함을 받고, 성령을 받으라고 말씀한다.

　　기도는 영성 훈련과 영적 성숙의 시작이요, 과정이요, 완성이다. 기도는 청지기로 부름을 받은 사람의 삶 그 자체이다. 기도와 분리된 청지기의 삶은 생각할 수 없다. 성경에도 기도는 거듭난 성도의 삶과 분리될 수 없는 삶 자체라는 것을 여러 번 반복해서 강조한다. "쉬지 말고 기도하라.(살전 5:17) 이것은 그리스도 예수 안에서 우리를 향하신 하나님의 뜻이다."(살전 5:18) 사도행전에서 오순절에 성령의 충만을 받은 성도들의 모습을 이렇게 말씀한다: "그들이 사도의 가르침을 받아 서로 교제하고, 떡을 떼며, 오로지 기도하기를 힘쓰니라."(행 2:42) 예수님이 기도하시던 습관, 다니엘이 기도하던 습관, 사도들이 기도하던 습관을 비롯하여, 이외에도 성경에서 기도에 대한 예를 열거하자면 끝이 없다.

간단히 정리하면, 거듭남의 역사는 하나님이 이루시는 하나님의 주권적 사역이다. 하나님이 우리의 죄를 깨끗하게 씻어 주시고, 하나님이 성령을 주시어서 우리의 마음을 거듭나게 하신다. 우리의 마음을 새롭게 변화시키고, 우리의 생각을 바꾸고, 우리의 습관을 바꾸고, 우리의 삶을 변화시켜서 하나님의 충성스런 청지기로 세워가는 것은 전적으로 성령의 사역이다. 그럼에도 불구하고 우리는 하나님께서 그렇게 해 주시기를 기도해야 한다. 오로지 기도하기를 힘쓰고, 쉬지 말고 기도해야 하고, '항상 성령 안에서 기도'해야 하고,(엡 6:18) '기도하기를 쉬는 죄'를 범하지 말아야 한다.(삼상 12:23) 거듭남의 역사는 하나님이 하시는 일이지만, 우리가 할 수 있는 일은 우리의 삶을 통하여 오로지 하나님이 약속하신 뜻이 이루어지기를 쉬지 않고 기도하는 것이다. 왜냐하면, 그렇게 하는 것이 하나님의 요구사항임과 동시에, 하나님의 뜻이기 때문이다.

되새김질을 위한 질문

1. 영성 훈련은 근본적으로 마음의 습관을 바꾸어 가는 영적 성숙의 과정입니다. 삶이 바뀌기 위해서는 왜 마음의 변화가 있어야 하는지를 '씨 뿌리는 자의 비유'를 근거로 하여 간단히 정리해 봅시다. 씨앗이 문제입니까? 밭이 문제입니까?

2. 길가 밭과 같은 마음을 가진 사람은 어떤 사람이라고 생각하십니까?

3. 흙이 얕은 돌밭과 같은 마음을 가진 사람은 어떤 사람이라고 생각하십니까?

4. 특정한 자극에 대한 '마음의 과민반응'이라고 말할 수 있는 '트라우마 trauma'는 실제 삶 속에서 어떤 현상으로 나타나는지 한두 가지 실례를 들어서 간단히 정리해 봅시다.

5. 가시떨기 밭과 같은 마음을 가진 사람은 어떤 사람이라고 생각하십니까?

6. 누구든지 자신의 잘못된 생각과 습관을 발견하면, 그런 습성을 바꾸기 위해서 노력합니다. 그러나 마음의 습성은 쉽게 바뀌지 않습니다. 그 이유가 무엇이라고 생각하십니까?

7. 우리의 마음을 근본적으로 바꾸는 주체는 성령입니다. 성령으로 거듭나야 삶이 바뀌는 이유를 세 가지로 정리해 봅시다.

8. 우리의 마음을 바꾸는 주체는 성령입니다. 그렇지만 그 과정에서 우리가 반드시 해야 할 일은 무엇입니까? 왜 그렇게 해야 한다고 생각하십니까?

Chapter Eight

8
시간을 지혜롭게 활용하라

방향을 바로 잡으라

습관을 단순하게 하라

우선순위를 재조정하라

사명에 집중하라

남은 시간을 지혜롭게 활용하라

작전타임을 활용하라

시간을 지혜롭게
활용하라

8

하나님의 청지기로 부름을 받은 사람들에게 기본적이고, 필수적으로 맡겨진 관리대상이 몇 가지 있다. 첫 번째 관리 대상은 건강이다. 건강은 우리의 삶을 이끌어가는 가장 기본적이고, 본질적인 전제이다. 건강을 잃으면, 모든 것을 잃게 된다. 그래서 건강은 청지기 영성 훈련의 기본 전제이다. 건강이 빠진 영성은 허상이다. 그렇다고 건강하다고 영성이 보장되는 것은 아니다. 건강에도 방향성이 중요하다. 건강을 관리하는 동기가 중요하다. 건강이 빠진 영성이 허상이듯이, 영성이 빠진 건강은 우상이다. 청지기 영성 훈련은 이 둘의 균형을 잘 유지해야 한다. 청지기로 부름을 받은 사람의 첫 번째 의무는 하나님의 뜻에 맞게 건강을 잘 관리하는 것이다.

두 번째 관리 대상은 시간이다. 사람이 건강을 유지하면, 그 다음에 주어지는 것은 시간이다. 시간은 우리를 창조하신 하나님께서 주신 대단히 중요하고, 공평한 선물이다. 그렇다고 시간이 무한정 주어지는 것은 아니다. 아무리 건강을 잘 관리해도 인간의 수명은 정해져 있다. 우리에게 주어진 시간은 한정되어 있다는 것이다. 그리고 시간은 반드시 사용해야 한다. 사용하지 않는다고 해서 그대로 저장되거나 쌓아 둘 수 없다. 시간은 사용하지 않아도 지나가는 것이다. 지나가는 시간을 효과적으로 사용하기 위해서는 지혜와 전략이 필요하다. 어차피 지나가는 시간이니까, 아무렇게나 써도 되는 것이 아니다. 주어진 시간을 어떻게 활용할지에 대한 지혜로운 투자 전략은 청지기에게 있어서 건강 관리 못지않게 중요하다.

세 번째 관리 대상은 재물이다. 건강한 몸으로 시간을 잘 관리하면, 재물이 생기게 된다. 돈을 어떻게 관리할 것인가? 건강한 청지기에게 자연스럽게 주어지는 과제이다. 청지기로 살아가는 사람이 관리해야 될 대상을 일일이 나열하자면, 우리의 인생 전체를 다 열거할 수 있다. 인생 전체가 우리의 청지기적 관리 대상이기 때문이다. 그 중에서도 가장 기본적이고, 필수적인 관리 대상을 꼽는다면, 건강과 시간과 돈을 꼽을 수 있다.

진짜 부자는 건강과 시간과 돈, 이 셋을 다 가지고 있어야 한다. 이 셋 중에서 어느 하나만 빠져도 진정한 부를 누릴 수가 없다. 미국에서 목회할 때 성도들에게서 자주 들었던 말 중의 하나가, '돈만 있다고 부자가 되는 것이 아니라, 시간도 많아야 진짜 부자'라는 말이었다. 이민 1세대로 살아가는 삶은 시간과의 전쟁이라고 말해도 전혀 틀리지 않는다. 1세대 이민자들은 대부분 자영업에 종사하고, 업종은 주로 세탁소나 슈퍼마켓을 경영하는 사람들이 많았다. 그들의 삶은 매일 별을 보고 나가서, 별을 보고 들어오는 삶이었다. 사정이 그렇다 보니, 한국에서 친척들이나 친구들이 방문을 하면, 함께 여행을 하고 즐길 수 있는 시간을 내기가 대단히 어렵다. 자영업을 하면서 경제적인 여유는 어느 정도 누리지만, 시간적인 여유는 거의 누릴 수가 없는 현실이었다. 그래서 안타까운 마음에서, '진짜 부자는 돈 뿐만 아니라, 시간도 많아야 한다'고 말하는 것을 자주 들었다.

이민자들의 생활에 비하면, 유학생들의 생활은 반대다. '유학생들은 시간은 많은데, 돈이 없다'는 말을 자주 했다. 유학생들이 학기 중에는 시간적인 여유가 전혀 없지만, 그래도 여름 방학이 되면 시간적인 여유가 생긴다. 여름 방학 기간에 한국에서 손님이 방문하면, 유학생들은 방문한 손님을 모시고 다니면서 여행을 하고, 함께 즐길 수 있는 시간적인 여유가 있다. 그런데 문제는 돈이 없다는 사실이다. 그래서 이민자들이 '돈은 있는데 시간이 없다'고 말하는 반면에, 유학생들은 '시간은 있는데 돈이 없다'고 말한다. 간단히 말하면, 건강은 기본이고, 돈과 시간이 함께 있어야 진정한 부를 누릴 수 있는 부자라는 것이다.

건강과 시간과 돈은 청지기적 삶에 있어서 가장 기본적이고 필수적인 관리 대상이다. 그만큼 건강과 시간과 돈을 효과적으로 관리하는 것이 중요한 문제라는 것이다. 그리고 이것들을 효과적으로 잘 관리하기 위해서는 지혜로운 전략이 필요하다. 건강 관리의 중요성은 앞에서 많이 강조하였고, 돈의 관리는 다음 장에서 다루기로 하고, 이 번 장에서는 시간 관리에 대해서 살펴보고자 한다.

방향을 바로 잡으라

시간을 효과적으로 사용하라고 하면, 제일 먼저 떠오르는 성경 구절이 '세월을 아끼라. 때가 악하니라'(엡 5:16)는 말씀일 것이다. '세월을 아끼라'는 명령은 모두가 공감하는 경령이다. 그런데 우리의 실상은 세월을 아끼는 구체적인 방법을 모르고 덤벙거리는 경우가 너무나 많다. 세월을 아끼는 구체적인 방법을 모르고 덤벙거리는 것 자체가 세월을 낭비하는 것이다.

'세월을 아끼라'는 말은 시간을 효과적으로 잘 관리하라는 말이다. 어떻게 하는 것이 시간을 효과적으로 관리하는 것인가? 시간 관리를 잘한다는 것은 일반적으로 두 가지 의미로 생각할 수 있다. 첫째는 정확성이다. 시간 약속을 잘 지키는 것이다. 정해진 시간표에 따라, 정확한 시간에 만나고, 정해진 시간에 일을 시작하고, 정해진 시간 안에 일을 마치는 것이다. 둘째는 효율성이다. 최소한의 시간을 사용하여 최대의 결과를 만들어 내는 것이다. 흔히 말해서 시간 대비 생산성을 최대로 높이는 것이다.

우리 한국 사람들에게는 외국사람들도 인정하는 시간 관리의 핵심이 있다. '빨리빨리'이다. 우리는 속도를 시간 관리의 핵심이라고 생각한다. 그러나 시간 관리에서 있어서 속도보다 더 중요한 것이 있다. 바로 방향성이다. 에베소서에서 '세월을 아끼라'는 명령 바로 앞에 이런 전제가 붙어 있다: '너희가 어떻게 행할지를 자세히 주의하여, 지혜 없는 자같이 하지 말고, 오직 지혜 있는 자같이 하여,'(엡 5:15) 세월을 아끼라고 명령한다. 어떻게 행할지를 주의 깊게 살펴서, 어리석은 자같이 하지 말고, 지혜롭게 시간을 잘 관리하라는 말이다. 다시 말하면, 행동하기 전에 어떻게 행할지 방향을 바로 잡고 나서 행동하라는 말이다. 그리고 그 뒤에 이런 부연 설명을 덧붙인다: "그러므로 어리석은 자가 되지 말고, 오직 주의 뜻이 무엇인가 이해하라."(엡 5:17) '세월을 아끼라'는 명령의 앞뒤 내용을 정리하면, 세월을 아끼라는 명령의 전제조건은 방향을 바로 잡는 지혜를 가지는 것이다. 그리고 지혜 있는 자가 되는 구체적인 방법은 주의 뜻이 무엇인지를 깨닫는 것이다. 따라서 세월을 아끼라는 명령의 의미는 하나님의 뜻에 맞게 시간을 효과적으로 잘 활용하라는 것이다. 시간을 효과적으로 활용하는 데 있어서 속도보다 더 중요한 것은 하나님의 부르심에 맞게 반응하는 방향성이다.

  방향이 잘못되면, 아무리 빨리 달려도 소용이 없다. 시간이 없다는 급한 마음에 고속도로의 방향을 제대로 확인하지 않고 반대 방향으로 들어가서 열심히 달린다면, 결과가 어떻게 되겠는가? 빨리 달린 것만큼 시간과 에너지를 낭비하는 것이다. 따라서 시간을 효과적으로 활용하는 핵심은 정확성과 속도 이전에, 하나님의 뜻을 정확하게 파악하는 방향성의 문제이다.

왜 하나님의 뜻이 우리의 시간 활용의 목표가 되어야 하는가? 시간을 효과적으로 활용함에 있어서 가장 중요한 핵심이 하나님의 뜻을 정확하게 깨닫는 것이라고 한다면, 왜 하나님의 뜻이 우리의 방향성을 결정하는 목표가 되어야 하는지에 대한 질문이 생길 수 있다. 이 질문에 대한 답변은 간단하다. 하나님이 우리가 사용하는 시간의 주인이기 때문이다. 하나님께서 우리를 창조하시고, 죄와 죽음 가운데서 구원하셨다. 그렇기 때문에 우리가 살아가는 모든 시간은 하나님이 선물로 주신 것이다. 그것도 창조와 구원을 통하여 이중적으로 선물로 주신 것이다. 먼저 하나님께서는 우리를 창조하심으로 우리에게 시간을 주셨다. 그런데 우리가 타락하여 하나님의 뜻에서 벗어남으로써 하나님이 주신 시간을 통째로 낭비하게 되었다. 그러나 하나님께서는 우리를 죄의 속박에서 구원하심으로 통째로 낭비할 수밖에 없었던 우리의 시간을 다시 회복시켜 주셨다. 창조와 구원에 연관 지어서 이사야서는 우리의 신분을 이렇게 말한다: "내 이름으로 불려지는 모든 자, 곧 내가 내 영광을 위하여 창조한 자를 오게 하라. 그를 내가 지었고, 그를 내가 만들었느니라."(사43:7)

하나님은 우리에게 창조를 통하여 시간을 주셨고, 구원을 통하여 잃어버린 시간을 다시 찾아 주셨다. 우리가 활용하는 모든 시간의 주인은 하나님이다. 시간은 하나님의 것이기 때문에, 내 마음대로 아무렇게나 사용할 수 있는 것이 아니다. 하나님의 뜻에 맞지 않게 시간을 활용하는 것은 인생을 통째로 낭비하는 것이다. 그래서 시간을 활용함에 있어서 정확성과 속도보다 더 중요한 것은 하나님의 뜻에 맞게 사용하는 방향성이다.

우리는 하나님이 주신 시간을 맡아서 활용하는 청지기이다. 시간을 맡은 청지기이기 때문에, 맡겨진 시간을 반드시 사용하고, 활용해야 한다. 시간의 반납은 없다. 시간을 주신 하나님은 우리가 활용하지 않은 시간은 모두 쓸데없이 낭비한 것으로 계산하신다. 마태복음 25장에 기록된 달란트 비유에서 한 달란트 받은 자에 대한 평가에서, 주어진 기회를 활용하지 않고 묻어둔 자에게 내려지는 평가가 어떤 것인지를 분명히 알 수 있다. 시간도 마찬가지이다. 우리는 어떤 방법으로든 우리에게 맡겨진 시간을 반드시 쓰고, 활용해야 한다. 게으름은 시간의 수도꼭지를 틀어놓고 방치하는 것과 같다. 우리가 맡은 시간은 무슨 수를 써서라도 활용해야 한다.

시간을 활용하되, 시간을 주신 하나님이 기대하시는 목적에 맞게 사용해야 된다. 하나님께서 우리를 창조하시고, 구원하신 분명한 목적이 있다. 하나님은 하나님의 영광을 위하여 우리를 창조하시고, 구원하셨다.(사 43:7) 그렇기 때문에, 시간을 활용함에 있어서 **빨리빨리** 하는 것보다 더 중요한 것은 하나님의 뜻에 맞게 활용하는 것이다. 하나님의 영광을 위하여 사용되지 않은 시간은 모두가 방향을 잃어버리고 쓸데없는 곳에 낭비된 시간이다. **시간을 가장 잘 활용하는 사람은 오직 하나님의 영광을 위해서 살아가는 사람이다**: "그런즉 너희가 먹든지 마시든지 무엇을 하든지, 다 하나님의 영광을 위하여 하라."(고전 10:31)

시간을 효율적으로 관리하여, 세월을 아끼기 위한 가장 중요한 전제는 속도와 정확성이 아니라, 시간의 주인이신 하나님의 뜻에 초점을 맞추는 방향성이다.

습관을 단순하게 하라

———

시간을 효율적으로 활용하기 위해서 제일 중요한 것은 방향성이다. 방향이 잘못되면, 열심히 한 것만큼 시간을 낭비하게 된다. 그 다음으로 중요한 것은 습관을 단순하게 만드는 것이다. 우리가 살아가면서, 이것 저것 많은 것을 하려고 하면, 집중력이 떨어진다. 집중력이 떨어지면, 일의 효율성이 떨어지게 마련이다. 일의 효율성이 떨어지면, 결과적으로 시간을 낭비하게 된다. 그렇기 때문에 시간을 효과적으로 활용하기 위해서는 습관을 단순하게 만들어야 한다. 습관을 단순화하라는 말은 인간미가 전혀 없는 기계와 같은 삶을 살라는 말은 아니다. 습관을 단순화하라는 말은, 한정된 시간을 살아가는 동안, 좀 더 의미 있는 일에 시간을 집중하라는 것이다. "선택과 집중"이 습관을 단순하게 하라는 말의 핵심적인 내용이다.

선택과 집중을 위해서는 무엇보다도 구체적인 목표를 세워야 한다. 목표에 집중하는 삶의 자세를 바울 사도는 운동 경기에 임하는 선수의 모습을 들어서 설명한다: "그러므로 나는 달음질하기를 향방 없는 것 같이 아니하고, 싸우기를 허공을 치는 것 같이 아니하며."(고전 9:26) 운동경기에 임하는 선수에게 있어서 가장 중요한 자세는 목표에 집중하는 것이다. 목표도 없이 이리저리 달리는 선수처럼 하지 말라고 권면한다. 허공을 치는 권투선수처럼 되지 말라고 권면한다.

무슨 일을 하든지, 의도한 목적을 달성하기 위해서는 목표를 정해야 한다. 중요한 목표가 생기면 시간은 나게 되어 있다. 아무리 바빠도 자기가 중요하게 생각하는 일은 반드시 하게 된다. 예를 들면, 부정적이기는 하지만, 도박에 중독되어 있는 사람이 시간이 없어서 도박을 하지 못하는 경우를 보았는가? 도박에 빠져 있는 사람에게는 다른 어떤 것도 도박을 방해하는 이유가 될 수 없다는 것을 경험적으로 확실하게 보았다. 바쁜 것도, 피곤한 것도, 돈이 아까운 것도, 도박 앞에서는 이유가 될 수 없다. 확실한 목표가 생기면, 시간은 나게 되어 있다. 이 말을 뒤집으면, 목표가 없으면, 시간도 없다는 말이 된다. 목표가 없으면, 흘러가는 시간을 무의미하게 낭비할 수밖에 없다. 시간을 효과적으로 활용하기 위해서는, 여러 가지 할 일이 많지만, 하나님 앞에서 중요하고 의미 있는 목표를 세우고, 그 일에 집중해야 한다. 이것이 '선택과 집중'이다. 바울 사도는 선택과 집중의 삶을 그리스도 예수께 잡힌바 된 그것을 잡으려고 푯대를 향해서 하나님이 위에서 부르신 부름의 상을 위해서 달려가는 삶으로 표현한다.(빌 3:12-14)

 선택과 집중을 위해서는 목표를 세우되, 구체적이고 단순한 목표를 세워야 한다. 단순화된 목표가 집중력을 발휘하게 만든다. 목표가 분명하지 않으면, 구체적인 계획도 세울 수 없다. 구체적인 계획이 없으면, 생활은 방만해지고, 나태해질 수밖에 없다. 두 마리 토끼를 동시에 추격할 수는 없다. 분명하고도 구체적인 목표가 생겨야 절제하고, 노력하게 된다. 예를 들면, 입시를 앞둔 수험생의 목표는 대단히 구체적이고, 단순하다. 단순하고, 구체적인 목표가 눈앞에 있기 때문에, 생활 습관도 단순해지고, 오로지 입시라는 목표에 집중하게 된다. 선택과 집중의 구체적인 방법은 목표를 단순화하고, 그 목표에 집중하는 것이다.

선택과 집중을 위해서는 습관을 단순화해야 한다. 정해진 목표에 집중하기 위해서는 집중을 방해하는 부수적인 습관들은 다 제거하고, 절제해야 한다. 습관을 단순화하지 않고서는 목표에 집중할 수 없다. 또 한편으로는, 목표에 집중하면, 습관이 단순하게 될 수밖에 없다. 이것은 계란이 먼저냐? 닭이 먼저냐? 는 논쟁과 비슷하다.

    습관을 단순화하기 위해서는 적어도 두 가지를 잘 관리해야 한다. 하나는, 취미생활을 단순화하는 것이다. 취미 생활은 우리의 삶의 재충전을 위해서 반드시 필요한 것이다. 그러나 취미가 절대적인 것이 되지 않도록 자신을 살피고, 점검해야 한다. 뿐만 아니라, 다양한 취미가 우리의 삶을 목표에서 벗어나게 하지 않도록 해야 한다. 취미를 단순화하라는 것은 목표에 집중하는 데 방해되는 부수적인 것들을 절제하고, 제거하라는 것이다.

    다른 하나는, 보고, 듣는 것을 절제해야 한다. 다른 말로 표현하면, 미디어 다이어트를 시행하라는 말이다. 우리는 일반적으로 별로 중요하지도 않은 것을 보고, 들으면서 너무 많은 시간을 허비한다. 우리 주위에는 시간을 허비하게 만드는 도구들이 너무나 많이 깔려 있다. TV, 인터넷, 스마트폰과 같은 매체나 기기들이 우리의 시간을 부지불식간에 너무 많이 낭비하게 만든다. 건강을 위해서 먹고, 마시는 것을 절제하는 것 이상으로 보고 듣는 것을 점검하고, 절제해야 한다. 보고, 듣는 것을 절제하지 못하면, 시간을 낭비할 뿐만 아니라, 타락한 가치관에 오염되어서 영적인 건강을 유지할 수 없다. 우리의 마음에 계속해서 쓰레기가 들어가면 마음이 감당할 수 있는 정화능력의 한계를 넘어서 결국에는 쓰레기가 나올 수밖에 없다. 인스턴트식품을 계속해서 먹으면, 육체적으로 비만과 여러 가지 질환을 초래하는 것과 같은 원리다.

간단히 정리하면, 시간을 효과적으로 활용하기 위해서는 얽매이기 쉬운 부수적인 습관들을 다 벗어버리고, 하나님 앞에서 의미 있고, 중요한 목표에 집중하며 살아가는 선택과 집중이 필요하다.

우선순위를 재조정하라

시간을 효과적으로 활용하기 위해서는 습관화된 우리의 우선순위를 재조정해야 한다. 습관화된 시간표를 점검해 보면, 중요한 일보다는 늘 급한 일이 우선순위를 차지하고 있다. 대부분의 경우에 급한 일에 쫓겨서 중요한 일은 뒤로 미루고, 나중에 후회하게 된다. 습관화된 우선순위를 재조정하라는 말은 급한 일 때문에 중요한 일을 뒤로 미루지 말라는 것이다. 시간의 우선순위를 재조정하지 않으면, 우리는 죽을 때까지 별로 중요하지도 않은 급한 일에 쫓겨 다닐 것이다.

성도들과 신앙적인 성장과 성숙을 위해서 대화를 나누다 보면, 어김없이 등장하는 말이 너무 바쁘다는 것이다. 대부분의 사람들은 하루하루를 살아가면서 늘 시간에 쫓기는 것이 사실이다. 모든 생활 수단과 방법은 편리하고, 빨라졌는데 여유 시간은 점점 더 없어진다. 통신 수단이 빨라지고, 교통수단이 빨라지고, 생활 여건이 편리해졌다. 빨라지고, 편리해진 만큼 여유시간이 생겨야 이치에 맞지 않는가? 그런데 사람들이 살아가는 실상은 모든 것이 편리해지고, 빨라진 것 이상으로 더 바빠지고, 시간에 더 쫓겨 다닌다. 생활여건이 빨라질수록 우리도 덩달아 바빠지고 있다. 그렇다고 우리가 과거에 비해서 대단히 위대한 인생을 사는 것도 아니다. 지나고 보면 인생의 의미와 가치에 있어서 엄청나게 좋아진 것도 없다. 고만고단한 삶을 사는데 왜 이렇게 바쁘게 쫓겨 다녀야 하는가?

　시간에 바쁘게 쫓겨 다니는 삶은 주어진 시간의 양의 문제가 아니라, 습관의 문제이다. 시간에 쫓기는 것은 시간이 없어서가 아니라 시간을 활용하는 습관 때문이다. 시간을 활용하는 습관을 재조정하지 않으면, 시간에 쫓기는 삶은 피할 수 없다. 다른 말로 표현하면, 시간을 활용함에 있어서 일의 우선순위를 재조정하라는 것이다.

　시간을 활용할 때, 무엇에 따라 움직이고 있는가? 일의 중요성에 따라 움직이고 있는가? 아니면 일의 긴급성에 따라 움직이고 있는가? 어떤 일은 대단히 중요하지만, 긴급하지 않은 일이 있다. 어떤 일은 중요하지는 않지만, 대단히 긴급한 일이 있다. 이런 두 종류의 일 중에서 어느 쪽이 우리의 시간을 주도적으로 이끌어 가고 있는가? 대부분의 경우에는 늘 급한 일에 쫓겨 다닌다. 급한 일 때문에 중요한 일은 항상 뒤로 미루어진다. 시간을 효과적으로 활용하기 위해서는 늘 급한 일에 쫓겨 다니는 습관을 중요한 일을 먼저 하는 것으로 우선순위를 재조정해야 한다. 시간의 우선순위를 재조정하지 않으면, 죽을 때까지 별로 중요하지도 않은 급한 일에 쫓겨 다니다가 진짜 중요한 일은 제대로 해보지도 못하고 후회하게 될 것이다.

중요한 일과 긴급한 일 사이에 충돌이 벌어질 때, 예수님은 어떤 선택을 하였을까? 누가복음 5장 15-16절에 보면, 예수님께서 어떤 선택을 하셨는지 잘 알 수 있다. 예수님의 소문이 퍼지자 수많은 무리들이 예수님께로 몰려들었다. 몰려든 무리들은 예수님께 두 가지를 요구하였다. 첫째는 천국복음을 듣기를 원했다. 둘째는 병 고침 받기를 원했다. 예수님의 사역에 비추어보면, 군중들의 요구는 지극히 정당한 것이었다. 결코 무리한 요구가 아니었다. 예수님의 사역은 밀려드는 사람들 때문에 식사할 겨를도 없이 바빴다.(막 3:20) 이런 바쁜 상황에서 예수님은 사람들의 예상을 벗어나는 선택을 하셨다: "예수의 소문이 더욱 퍼지매, 수많은 무리가 말씀도 듣고, 자기 병도 고침을 받고자 하여 모여 오되, 16) 예수는 물러가사 한적한 곳에서 기도하시니라."(눅 5:15-16) 이 장면을 보면, 예수님의 시간표에서 우선순위가 어디에 있는지를 충분히 짐작할 수 있다.

    예수님은 철저하게 하나님의 관점에서 시간관리의 우선순위를 실천하였다. 예수님은 하나님으로부터 맡겨진 사명에 초점을 맞추어서 시간 관리의 우선순위를 정하셨다. 사람들의 요구가 아니라, 하나님의 요구에 우선순위를 두었다. 자기의 명성에 도움이 되는 급하고 바쁜 일이 아니라, 하나님의 뜻에 우선순위를 두었다.

예수님의 시간표에 있어서 첫 번째 자리를 차지하는 것은 하나님께 기도하고, 하나님과 교제하는 것이었다. 예수님에게 있어서 기도는 지상 사역의 시작이요(눅 4:1-2), 과정이요(막 1:34-35), 완성(마 26:36-46)이었다. 식사할 시간도 없을 정도로 바쁜 사역의 일정 속에서도 기도를 첫 번째 자리에 올려놓은 이유가 무엇이겠는가? 예수님은 사람들에게 둘러싸여서, 바쁜 사역 때문에, 능력의 근원이신 하나님과의 교제가 단절되는 것을 결코 허용하지 않았다. 예수님은 바쁜 일보다, 본질적이고, 더 중요한 일을 먼저 선택했다.

예수님의 시간표에 있어서 하나님과 교제하는 것 다음으로 중요한 자리를 차지하는 것은 미래의 지속적인 사역을 준비하는 일이었다. 제자들을 훈련시키고, 양육하는 것이었다. 예수님은 십자가의 죽음 이후를 대비해서 시간을 투자한 것이다. 미래의 지속적인 사역을 준비하는 일을 현재의 바쁜 일보다 우선순위에 두었다. 미래를 대비하는 일은 중요하지만, 결코 바쁘고 긴급한 일이라고 느껴지지는 않는다. 오늘 못하면 내일 해도 된다고 생각하기 쉽다. 예수님도 밀려드는 군중들로 인한 현재의 바쁜 일 때문에 미래를 대비하는 일을 차일피일 미루었다면, 사도행전의 역사는 불가능했을 것이다.

예수님의 시간표에서 무리들을 가르치고, 병자들을 고치는 일은 세 번째 자리를 차지했다. 몰려드는 무리들을 가르치고, 병자를 고치는 일은 식사를 하지 못할 정도로 정말로 바쁜 일이었다. 그러나 예수님은 바쁜 일 때문에, 더 중요한 일을 생략하거나 미루지 않았다.

예수님의 시간 관리의 핵심은 바쁜 일이 아니라 중요한 일에 우선순위를 두는 것이었다. 우리에게 있어서 가장 위험한 것은 급한 일이 끼어들어서 중요한 일을 밀어 내는 것이다. 우선순위의 핵심은 모든 것을 다 하는 것이 아니라, 가장 중요한 일을 먼저 하는 것이다. 할 일이 많고 바쁘다고 훌륭한 삶을 사는 것은 아니다. 하나님이 보시기에 정말로 중요한 일을 위해서 바빠야 한다. 우리는 시간을 관리하는 일에 있어서도 철저하게 예수님의 본을 따라야 한다. 바쁜 일에 끌려 다니는 시간의 노예가 아니라, 중요한 일에 시간을 활용할 줄 아는 지혜로운 시간의 관리자, 지혜로운 시간의 청지기가 되어야 한다.

사명에 집중하라

시간을 허비하지 않고, 인생을 효과적으로 사는 방법은 여러 가지가 있다. 그 중에 하나가 사명에 집중하는 것이다. 사명에 집중하라는 말의 의미를 풀어서 표현하면, 과거를 재해석하고 미래의 사명에 집중하라는 것이다. 미래의 사명에 집중하기 위해서는 과거에 발목이 잡히는 일이 없어야 한다.

과거에 집착하게 되면, 앞으로 자기에게 닥칠 일들을 제대로 준비하고, 수행할 수가 없다. 그렇게 되면, 결국은 시간을 낭비하고, 인생을 허비하게 된다. 야구 경기 중계를 본 적이 있는가? 경기가 팽팽하게 진행되는 상황에서 수비수가 어이없는 실수를 했다. 이 상황에서 해설자가 어떤 말을 하는지는 중계를 본 사람이라면 누구나 예상할 수 있을 것이다: "실수한 것을 빨리 잊어버리고, 남은 경기에 집중해야 합니다." 이 말이 내포하고 있는 의미가 무엇인가? 지나간 실수를 아쉬워하고 거기에 집착하게 되면, 남은 경기에 집중할 수가 없다. 지나간 실수 때문에 남은 경기에 집중하지 못하면, 또 다른 실수를 반복할 수 있다는 것이다. 우리의 인생도 마찬가지이다. 지나간 것에 대한 집착을 빨리 끊어버리고, 미래의 사명에 집중해야 한다.

지나간 과거의 실패를 너무나 안타깝게 생각하고 거기에 집착해서 자신의 미래를 마비시키는 사람도 있지만, 반대로 과거의 성공에 도취되어서 자신의 현재와 미래를 마비시키는 사람도 있다. 오병이어의 기적 후에 무리들과 제자들을 먼저 보내신 후에, 혼자서 산에 올라가서 기도하시는 예수님의 모습은 과거에 매이지 않고 미래의 사명에 집중하는 좋은 본보기이다.(마 14:22-23) 성공이든 실패든 과거의 일은 돌이킬 수 없다. 어떤 경우이든 과거의 일에 집착해서 현재와 미래의 일에 집중하지 못하는 것은 인생을 허비하는 일이다.

자신의 과거를 재해석하고, 현재와 미래의 사명에 집중하며 살아간 대표적인 사람을 꼽으라면, 창세기에 기록된 요셉을 들 수 있다. 요셉은 세상 누구도 경험하기 힘든 과거의 쓰라린 상처를 가진 사람이다. 그러나 요셉이 살아간 모습을 보면, 자신의 과거가 결단코 자신의 현재와 미래를 지배하지 못하게 했다. 과거에 발목 잡히지 않기 위해서 무조건 과거를 잊어버리려고 하는 것은 효과적인 방법이 될 수 없다. 과거는 잊어버리고 싶다고 해서 쉽게 잊어지는 것이 아니다. 의지적으로 잊어버렸다고 생각해도 위기 때마다 다시 활성화되어서 괴롭히는 것이 과거의 아픈 상처이다. 과거는 잊어버리는 것이 아니라, 과거의 의미를 재해석해야 한다. 요셉은 자신의 아픈 과거를 하나님의 관점에서 재해석함으로써 과거의 문제를 정리하고 현재와 미래의 사명에 집중할 수 있었다.

    요셉은 자신의 인생에서 최고의 황금기를 누리는 순간에도 결코 과거의 아픈 기억을 잊지는 않았다. 창세기의 마지막 부분에 보면, 아버지 야곱이 죽자 요셉의 형들은 그들에 닥친 위기를 직감하고 모두가 요셉 앞에 엎드려서 생명을 구걸하고 있었다. 생명을 구걸하는 형들에게 요셉은 이렇게 대답하였다: "당신들은 나를 해하려 하였으나 하나님은 그것을 선으로 바꾸사 오늘과 같이 많은 백성의 생명을 구원하게 하시려 하셨나니, 21) 당신들은 두려워하지 마소서! 내가 당신들과 당신들의 자녀를 기르리이다 하고, 그들을 간곡한 말로 위로하였더라."(창 50:20-21) 형들은 자신의 생명을 해치려고 했지만, 하나님께서 모든 것을 선으로 바꾸셔서 오히려 많은 생명을 구원하게 했다는 대답에서 보듯이, 요셉은 형들이 자기를 죽이려고 한 사건을 분명히 기억하고 있었다. 요셉이 형들에게 배신을 당하고 노예로 팔려가던 처절했던 순간의 아픈 기억(창 42:21)을 어떻게 잊을 수 있겠는가? 그러나 요셉은 자신의 아픈 과거를 하나님의 관점에서 재해석함으로써 과거의 족쇄에서 완전히 자유롭게 되었다. 그리고 앞으로 자신이 감당해야 할 사명이 무엇인지도 형들에게 분명히 설명하였다.

    요셉은 결코 잊을 수 없을 정도로 강렬했던 자신의 아픈 과거를 하나님의 주권적 관점에서 재해석함으로써, 아픈 과거가 자신의 발목을 잡게 하는 것이 아니라, 오히려 현재와 미래의 강력한 사명감을 불러일으키는 밑거름이 되게 했다. 요셉은 역사와 인생을 주관하시는 하나님의 주권을 철저하게 인식하였다. 요셉이 하나님의 주권적 관점에서 자신의 과거를 재해석함으로 인해서, 과거의 사실 자체는 변하지 않았지만, 그 사건의 의미는 완전히 달라졌다. 요셉은 인생의 표면적인 고난 배후에 작용하는 하나님의 손길을 분명히 깨달았다.(창 45:5, 8) 창세기 50장 20절의 대답은 자신의 과거를 해석한 요셉의 결론이다. 하나님께서 형들의 악행을 선으로 바꾸어서 많은 생명을 구원하게 했다는 20절의 해석을 가능하게 했던 요셉의 믿음의 기초가 19절에 나타나 있다: "요셉이 그들에게 이르되, 두려워하지 마소서! 내가 하나님을 대신하리이까?" "내가 하나님을 대신하리이까?" 이 말은 요셉의 믿음의 고백이요, 인생의 고백임과 동시에, 청지기적 삶의 핵심이요, 모토이다.

    요셉은 하나님의 관점에서 자신의 아픈 과거에 대한 재해석의 과정을 거쳤기 때문에, 아픈 과거를 통해서 자신의 고통이 아니라, 하나님이 주신 사명을 발견하고 그 사명에 집중하는 삶을 살 수 있었다. 우리에게도 과거의 재해석을 통한 이런 치료와 회복의 과정이 반드시 필요하다.

과거를 잊어버리고 미래를 선택하라. 과거를 잊으라는 말은 과거의 사실 자체를 잊어버리는 것이 아니라, 과거의 의미를 재해석하라는 것이다. 미래를 선택하라는 말은 과거의 재해석을 통하여 과거의 아픈 상처가 자신의 현재와 미래를 지배하지 못하게 하라는 것이다. 아궁이에 불을 피우기 위해서는 타고남은 재를 깨끗이 치우고 불을 피워야 한다. 과거의 남은 재가 현재와 미래의 불이 제대로 타오르지 못하게 방해하게 해서는 안 된다.

남은 시간을 지혜롭게 활용하라

우리는 제한된 시간을 살고 있다. 시간은 무한정 주어지는 것이 아니다. 우리에게 주어진 시간은 끝이 있다. 그렇기 때문에 남은 시간을 잘 계산해서 효과적으로 활용할 줄 아는 지혜가 필요하다. 아마도 자기의 생명이 끝나는 시점을 안다면, 남은 시간을 활용하는 열정과 집중력은 완전히 달라질 것이다.

모세는 한정된 시간을 살아가는 인생의 실상을 이렇게 고백했다: "우리의 연수가 칠십이요, 강건하면 팔십이라도, 그 연수의 자랑은 수고와 슬픔뿐이요, 신속히 가니 우리가 날아가나이다."(시 90:10) 인생의 실상에 대한 모세의 고백은 자기 나름대로 사람들이 살아가는 모습을 세밀하게 관찰한 다음에 내린 결론이다.

　　인생의 실상을 관찰한 모세는 세 가지 분명한 사실을 발견하였다. 첫째, 인간은 죽는다. '주께서 사람을 티끌로 돌아가게'(시 90:3) 하셨다. 천지를 창조하시고 주관하시는 하나님의 말씀 한 마디에 인간은 티끌로 돌아갈 수밖에 없는 존재이다. 둘째, 인간이 이 땅에서 누리는 영광은 아침에 피었다가 저녁에 시들어버리는 풀의 꽃과 같이 순식간에 지나간다.(시 90:6-7) 셋째, 인생이 이렇게 허무하게 지나가는 것은 전적으로 인간이 자초한 일이다.(시 90:8-9) 하나님이 인간을 창조하실 때는 그렇게 허무하게 끝나는 존재로 만들지 않았다. 인간이 하나님께 불순종하고, 죄를 범하는 순간 그렇게 되어 버렸다.

　　허무하게 사라지는 인생의 실상을 관찰한 모세는 10절에서 사람들이 경험할 수밖에 없는 인생의 한계를 이렇게 요약하고 있다. 첫째, 덧없이 지나가는 인생을 붙들어 놓으려고 아무리 발버둥 쳐도 70년, 80년 이상을 버틸 수가 없다. 둘째, 그렇게 발버둥 치면서 붙들어 놓은 70년, 80년도 수고와 슬픔으로 가득 채워질 뿐이다. 셋째, 수고와 슬픔으로 살아가는 인생도 너무 아쉽게 순식간에 지나가버린다. 10절에 기록된 모세의 고백은 인생에 대한 슬픈 탄식이 아닐 수 없다. 낙심과 절망 속에서 흘러나오는 우울한 탄식 가운데서 모세는 인생의 남은 날을 계산할 수 있는 지혜를 달라고 하나님께 간절히 기도한다.(시 90:12)

　　간절한 기도는 자기 스스로는 아무것도 할 수 없다는 절망적인 순간에 일어나는 반전이다. 자기 스스로 뭔가를 할 수 있다고 생각할 때는 하나님께 간절히 매달리지 않는다. 어떤 의미에서 간절한 기도는 하나님 앞에서 자신의 부도를 선언하는 것이다. 자기 스스로는 아무것도 할 수 없으니, 하나님께서 전적으로 맡아달라고 간청하는 것이다. 절망 가운데서 하나님의 은혜를 구하는 모세의 기도를 간단히 정리하면 세 가지 내용이다.(시 90:11-17) 첫째, 하나님의 진노 아래서 영원히 죽을 수밖에 없는 인생의 실상을 깨닫게 하소서! 둘째, 시한부 인생을 사는 우리의 남은 날을 계산할 줄 아는 지혜를 주소서! 셋째, 하나님의 사랑으로 우리를 영원히 만족하게 하소서! 모세의 관심이 인생의 절망적인 현실에서 영원하신 하나님께로 옮겨가고 있음을 알 수 있다.

덧없이 지나가는 제한된 시간을 의미 있게 활용하기 위해서는 남은 날을 계산할 줄 아는 지혜가 필요하다. 지나간 세월들을 아쉬워하거나, 자랑하지 말고, 남은 날을 잘 계산해야 한다. 우리 모두는 수능시험을 앞둔 수험생처럼 기한이 정해진 시한부 인생을 살아가고 있다. 시한부 인생을 살아가는 사람이 시간을 아무렇게 허비할 수 있는가? 남은 시간이 길지 않다는 것을 자각하는 순간 삶의 태도에 긴장감이 생길 수밖에 없다. 시간 활용에 긴장감을 더하기 위해서 수험생들이 수능시험 날짜를 기준으로 달력에 남은 날을 거꾸로 계산하듯이, 우리의 나이도 70세, 혹은 80세를 기준으로 거꾸로 계산해 보는 것도 좋은 방법일 수 있다. 나이를 지나가는 세월로 계산하는 것이 아니라, 남은 날로 계산하는 것이다.

 시한부 인생이라는 것을 자각한다면, 시간을 아무렇게나

허비할 수 없다. 맡겨진 사명을 내일로 미루면서 오늘을 대충 살아갈 수는 없다. 하나님께서 허락하지 않으시면 우리에게 내일은 없다. 하나님께서 허락하신 시간 안에서, 하나님께서 맡기신 사명에 충성하는 것이 시한부 인생을 살아가는 사람의 올바른 태도이다. 시간의 효과적인 활용은 길이의 문제가 아니라, 선택과 집중의 문제이다. 하루의 시간도 목표에 집중한다면 대단히 긴 시간이다. 그러나 10년의 세월도 목표 없이 산만하게 흩어버린다면, 아무런 의미 없이 허공으로 사라져버린다.

얼마 남지 않은 짧은 시간을 어디에 투자할 것인가? 남은 시간이 많지 않기 때문에 정말로 선택과 집중이 필요하다. 마지막이 가까이 왔다는 것을 인식할수록 모세의 관심과 초점은 자기 자신에게서 하나님께로, 이 세상의 것에서 영원한 것으로 옮겨졌다.

작전타임을 활용하라

제한된 시간을 효과적으로 활용하기 위해서는 전략이 필요하다. 운동경기에서 짧은 시간을 효과적으로 활용하기 위하여 구체적이고 세밀한 계획을 세우는 시간을 작전타임이라고 부른다. 운동경기 중에서 특별히 시간과 치열한 싸움을 하는 것이 농구인 듯하다. 경기가 치열할 때는 마지막 10-20초 남겨둔 상황에서 어김없이 작전타임을 요구한다. 마지막 10-20초를 어떻게 활용하느냐에 따라서 경기를 이길 수도 있고, 질 수도 있다.

농구의 작전타임을 예로 설명한다면, 짧은 시간을 효과적으로 활용하는 전략을 세우기 위해서는 세 가지 요소가 반드시 필요하다. 첫째는 현재의 상황을 정확하게 분석하고, 평가해야 한다. 현재의 점수 차이를 남은 시간에 극복할 수 있는지 없는지를 정확하게 분석하고, 평가해야 한다. 둘째는 주어진 시간에 이루어야 할 구체적인 목표를 세워야 한다. 만약에 2점차로 경기를 지고 있다면, 2점 슛을 성공시켜서 연장전으로 갈 것인지, 아니면 3점 슛을 성공시켜서 경기를 끝낼 것인지 분명한 목표를 설정해야 한다. 셋째는 정해진 목표를 이룰 수 있는 구체적 방법을 찾아야 한다. 그러기 위해서는 작전을 수행할 선수들의 장단점을 정확하게 파악하고 있어야 한다. 아무리 좋은 계획이라 하더라도 그것을 수행할 수 있는 효과적인 방법이 없다면 아무런 소용이 없다. 이와 마찬가지로, 우리 인생에 있어서도 시간을 효과적으로 활용하기 위해서 전략을 세우는 작전타임이 필요하다.

예수님도 십자가의 죽음을 눈앞에 둔 긴박한 상황에서 겟세마네 동산에서 제자들과 작전타임을 가졌다. 긴박한 순간에 예수님은 베드로와 야고보와 요한을 불러서 시험에 들지 않게 예수님과 함께 깨어 있어 기도하라고 작전을 지시했다.(마 26:36-41) 예수님은 자신에게 닥쳐오는 고난을 분명히 알고 땀이 핏방울같이 되도록 간절히 기도하셨다.(눅 22:44) 그런데 제자들은 자기들에게 닥쳐올 고난을 인식하지 못하고 몸이 피곤하다는 이유로 잠에 빠져버렸다. 제자들의 행동은 전략적인 판단에 따른 것이 아니라, 육체적 본능에 따른 것이었다. 자기들이 처한 긴박한 상황을 제대로 인식하지 못하고, 피곤하다는 이유로 예수님이 지시한 전략적인 행동을 포기해 버렸다. 그냥 편한 대로 시간이 흘러가도록 방치했다. 주어진 시간에 이루어야 할 구체적이고 치밀한 전략이 없으면, 우선은 편할지 모르지만, 경기에서 승리할 수 없다. 제자들에게는 구체적인 목표도 없었고, 그 목표를 이루고자 하는 구체적이고 치밀한 전략도 당연히 없었다. 결과적으로 제자들은 십자가의 고난 앞에서 예수님을 버리고 도망치고 말았다. 예수님이 지시한 전략적 행동을 포기하고 육체적 본능에 따라서 행동한 제자들은 실패하고 말았다.

제한된 시간을 효과적으로 활용하기 위해서는 구체적인 전략이 필요하다. 만물에는 적절한 때가 있다.(전 3:1-2) 효과적인 전략을 세우기 위해서는 첫 번째로 자신이 처한 현재의 상황을 주의 깊게 분석하고, 평가해야 한다. 예수님은 자신이 처한 상황을 정확하게 알았지만, 제자들은 몰랐다.

   두 번째로 주어진 시간에 이루어야 할 구체적인 목표를 세워야 한다. 이 과정에서 하나님께서 주신 비전과 목표를 우선적으로 점검해야 한다. 예수님은 자신이 원하는 것보다 하나님이 원하시는 것에 우선순위를 두었다. 하나님이 주신 인생의 비전을 배경으로 해서 구체적인 목표를 세워야 한다. 그렇지 않으면 우리의 구체적인 행동이 하나님의 계획이라는 전체 배경에 어울리지 않는 흉물이 될 수도 있다.

   세 번째는 목표를 성취할 수 있는 구체적인 방법을 찾는 것이다. 여기서 주의할 점은 다른 사람들과 비교하기보다는 자기의 장점을 활용하는 것이 중요하다. 다윗은 골리앗과 싸우러 나가기 전에 사울왕이 준 갑옷과 투구와 칼로 무장을 했다. 그러나 그것들이 너무나 어색하고 불편해서 다 벗어버리고, 자기가 가장 익숙하게 사용할 수 있는 물매를 가지고 나가서 골리앗과 싸워 이겼다.(삼상 17:38-49) 결과적으로 다윗은 칼과 창과 단창으로 무장한 골리앗을 맞이하여, 물매라는 소총으로 공격하여 쉽게 이긴 것과 마찬가지이다. 자기에게 없는 것을 아쉬워하고, 한탄할 것이 아니라, 자신의 장점을 극대화시키는 지혜가 필요하다.

지혜로운 청지기로 살아가기를 원한다면, 남은 시간을 효과적으로 활용하여 하나님의 뜻에 맞는 삶을 완성하기 위해서 자신의 목표와 행동을 점검하고 재조정하는 작전타임을 수시로 가져야 한다.

되새김질을 위한 질문

1. 하나님의 청지기로 부름을 받은 우리에게 기본적이고, 필수적으로 맡겨진 관리대상은 무엇입니까?

2. 돈은 많은데 건강이 받쳐주지 못한다면, 진정한 부자라고 말할 수 있겠습니까?

3. 시간을 효과적으로 관리하는 일반적인 기준 두 가지는 무엇이라고 생각하십니까?

4. "세월을 아끼라"는 말이 함축하고 있는 핵심적인 내용은 무엇이라고 생각하십니까?

5. "습관을 단순하게 하라"는 말이 함축하고 있는 핵심적인 내용은 무엇이라고 생각하십니까?

6. "우선순위를 재조정하라"는 말은 무엇을 어떻게 하라는 말이라고 생각하십니까?

7. 예수님의 시간표에서 사역의 우선순위는 어떻게 되는지 정리해 봅시다.

8. "사명에 집중하라"는 말은 무엇을 의미하는지 요셉의 경우를 예로 들어서 간단히 정리해 봅시다.

9. 시간의 활용에 있어서 모세가 하나님께 기도한 내용은 무엇입니까?

10. 제한된 시간을 효과적으로 활용하기 위하여 구체적인 전략을 세우는데 있어서 반드시 필요한 세 가지 요소는 무엇이라고 생각하십니까?

청 지 기
영성훈련
특　 강

Chapter Nine

9
부르심에 응답하려면 돈을 다스려라

돈과 영성은 분리될 수 없다

물질만능주의의 유혹에 빠지지 말라

돈을 다스려라

드림은 하나님을 향한 사랑의 표현이다

나눔은 이웃 사랑의 실천이다

물질적인 복은 답안지가 아니라 시험지이다

9

하나님은 인간의 육체를 만드신 다음에 생명을 불어 넣으셨다. 흙으로 만든 육체에 하나님이 불어넣으신 생명이 들어감으로써 인간은 하나님과 교제할 수 있는 존재가 되었다. 이런 면에서 육체는 하나님이 불어넣으신 생명과 하나님과 교제할 수 있는 영성을 담는 그릇이다. 몸을 건강하게 관리하지 못하면 생명도 영성도 있을 수 없다. 건강한 몸은 이 땅에서 인간이 살아가는 모든 삶의 기본 전제이다. 건강을 유지하면 우리에게 시간이 주어진다. 건강한 몸으로 시간을 잘 활용하면, 재물이 주어진다. 건강과 시간과 재물은 청지기로 부름을 받은 인간이 가장 기본적으로 부여 받은 가장 중요한 활용 품목이다. 앞에서 건강과 시간 관리에 대한 생각을 나누었다. 이제 마지막으로 재물관리에 대한 생각을 나누고자 한다.

기본적으로 우리가 가진 모든 것은 하나님께서 주신 것이다. 다른 말로 표현하면, 우리가 가진 모든 것의 소유권이 우리에게 있는 것이 아니라, 우리를 창조하신 하나님께 있다. 성경은 이 점을 여러 군데서 반복적으로 분명히 밝히고 있다. 우주 만물(신 10:14)도, 재물(학 2:8)도, 우리의 몸(고전 6:19-20)도 하나님께 속한 것이라고 말씀한다. 역대상 29장에 기록되어 있는 다윗의 고백은 이런 성경의 가르침을 종합적으로 압축하여 표현하고 있다: "여호와여 위대하심과 권능과 영광과 승리와 위엄이 다 주께 속하였사오니, 천지에 있는 것이 다 주의 것이로소이다. 여호와여 주권도 주께 속하였사오니, 주는 높으사 만물의 머리이심이니이다. 12) 부와 귀가 주께로 말미암고, 또 주는 만물의 주재가 되사, 손에 권세와 능력이 있사오니, 모든 사람을 크게 하심과 강하게 하심이 주의 손에 있나이다."(대상 29:11-12) 다윗의 고백에 의하면, 우리가 가진 모든 것의 소유권이 하나님께 있을 뿐만 아니라, 하나님께서는 자신의 기쁘신 뜻을 따라서 사람들에게 재물을 맡기신다. 우리가 무엇을 얼마나 가졌든지 간에 그것은 전적으로 하나님의 기쁘신 뜻을 따라 우리에게 맡기신 것이다.

우리가 가진 모든 것이 하나님께서 맡기신 것이라면, 우리에게는 하나님의 것을 맡은 청지기로서 그것들을 지혜롭고 충성스럽게 활용할 의무가 주어진다. 하나님의 것을 맡은 청지기는 그것을 하나님의 목적과 기준에 맞게 활용해야 한다. 마태복음 25장에 기록된 달란트 비유에서 설명한 것처럼, 하나님은 재물을 맡은 청지기의 지혜롭고 충성스런 활용을 평가하실 것이다. 하나님께서 재물을 맡은 청지기를 평가하는 기준을 성경에 근거하여 유추하면 대략 두 가지로 정리할 수 있다. '드림'과 '나눔'이다. '드림'은 하나님께 헌물을 드리는 것으로서, 성경은 재물을 맡은 청지기가 하나님께 대하여 마땅히 해야 할 의무를 규정하고 있다. 그렇기 때문에 하나님께 드림은 청지기의 마땅한 의무임과 동시에 하나님께 대한 사랑의 표현이다. '나눔'은 이웃에게 사랑을 베푸는 것이다. '드림'과 '나눔'으로 요약된 재물의 활용 원칙은 예수님께서 정리하신 십계명의 실천적 요약과 같다. '드림'을 통하여 하나님을 사랑하고, '나눔'을 통하여 이웃을 사랑하는 것이다.

돈과 영성은 분리될 수 없다

돈은 섬김의 대상이 아니라, 하나님이 맡긴 활용의 대상이다. 그런데 우리의 일상생활에서, 혹은 우리의 마음속에서 돈이 하나님과 경쟁할 때가 너무나도 많다. 돈이 활용의 대상이 아니라, 섬김의 대상으로 둔갑하는 현상이 수도 없이 일어난다. 이런 인간의 속성을 아신 예수님께서 분명히 경고하셨다. "네 보물이 있는 그 곳에는 네 마음도 있느니라."(마 6:21) "너희가 하나님과 재물을 겸하여 섬기지 못하느니라."(마 6:24) 우리의 마음속에서 돈은 수시로 하나님과 경쟁하지만, 예수님은 그런 일이 일어나지 않도록 하라고 경고한다.

성경은 돈을 대단히 중요하게 다루고 있다. 성경에서 성도들의 실천적인 행동을 권면하는 가장 핵심적인 주제를 꼽으라면, 믿음과 기도를 꼽을 수 있을 것이다. 그런데 성경은 믿음과 기도에 대한 구절을 합친 것보다 2배나 많은 구절(약 2,350)을 돈에 대해서 언급하고 있다. 예수님도 어떤 주제보다 돈에 대해서 많이 언급하셨다. 예를 든다면, 예수님께서 말씀하신 36가지의 비유 가운데 16가지가 돈과 재물에 관한 것이다. 성경에서 돈을 이렇게 많이 언급한 이유는 돈이 인간의 본성을 가장 잘 드러내는 도구이기 때문이다. 돈은 그 사람의 인격을 적나라하게 드러내는 정확한 거울 역할을 한다.

성경은 돈을 중요하게 다룰 뿐만 아니라, 돈을 우리의 영적인 상태와 직접적으로 연결하여 다루고 있다. 누가복음 18장에 보면, 어려서부터 하나님의 계명을 다 지켰다고 자신하는 청년이 예수님 앞에 나와서 영생에 관한 질문을 하는 장면이 나온다. 하나님의 계명을 다 지켰다고 자신하던 청년이 예수님께서 돈 문제를 언급하자 심히 근심하면서 예수님을 떠났다. 그의 많은 재물이 하나님께 나아가는 데 걸림돌이 되고 말았다. 이어서 누가복음 19장에서는 부자 청년과는 대조되는 한 사람의 이야기를 기록하고 있다. 세리장이며, 부자인 삭개오는 자기의 소유의 절반을 가난한 자들에게 주겠으며, 누구의 것이든 속여서 빼앗은 것이 있다면, 4배로 갚겠다고 하면서 예수님께로 나오는 모습이 기록되어 있다. 18장에 기록된 부자 청년과 19장에 기록된 삭개오의 차이점은 돈에 대한 태도에서 분명히 드러난다. 이런 면에서 돈은 하나님께로 나아가는 우리의 영적인 상태와 밀접한 관계를 가지고 있다.

돈과 영적인 상태가 얼마나 밀접한 관계가 있는지는 세례 요한이 선포한 메시지에서도 분명히 드러나 있다. 누가복음 3장에 보면, 요한이 요단강 가에서 회개의 세례를 전파하면서 '회개에 합당한 열매'를(눅 3:8) 맺으라고 선포하였다. 요한의 선포를 들은 무리들이 요한에게 이렇게 질문하였다: "무리가 물어 이르되, 그러면 우리가 무엇을 하리이까?"(눅 3:10) 회개의 합당한 열매를 묻는 사람들에게 요한은 이렇게 답변했다. "옷과 음식을 가난한 자들에게 나누어 주어라."(눅 3:11) "세리들은 정해진 세금 외에는 거두지 말라."(눅 3:13) "군인들은 정해진 급료 외에는 다른 사람에게서 거짓으로 빼앗거나 강탈하지 말라."(눅 3:14) 사람들은 회개의 세례를 선포하는 요한에게 돈과 소유에 대해서 물은 것이 아니었다. 회개에 합당한 영적인 변화를 물었다. 그러나 요한의 답변은 모두 돈과 소유와 관련이 있는 것이었다. 이것은 무엇을 의미하는가? 돈과 소유를 다루지 않고서는 영적인 변화를 언급할 수 없다는 것이다.

회개의 복음이 돈과 소유와 관계하여 어떻게 실천되었는지는 사도행전에 보면 잘 나타난다. 초대교회 성도들의 영적인 변화는 다른 사람들의 필요를 채우기 위해서 돈과 소유를 기꺼이 드리고 나누는 것에서 가장 명백하게 드러난다: "믿는 사람이 다 함께 있어 모든 물건을 서로 통용하고, 45) 또 재산과 소유를 팔아 각 사람의 필요를 따라 나눠 주며, 46) 날마다 마음을 같이하여 성전에 모이기를 힘쓰고, 집에서 떡을 떼며 기쁨과 순전한 마음으로 음식을 먹고, 47) 하나님을 찬미하며, 또 온 백성에게 칭송을 받으니, 주께서 구원 받는 사람을 날마다 더하게 하시니라."(행 2:44-47)

돈과 소유의 사용은 영성과 분리될 수 없다. 우리가 가진 돈과 소유를 어떻게 사용하는지가 우리의 영적인 상태를 보여 준다. 재물의 사용은 영성이 실제 생활 속에서 구체적인 모습으로 드러나게 하는 거울이다. 종교개혁자 마틴 루터는 마음과 영혼의 회심뿐만 아니라, 지갑의 회심이 있어야 진정한 회개라고 말하였다.

물질만능주의의 유혹에 빠지지 말라

돈은 우리의 마음속에서 수시로 하나님과 경쟁할 뿐만 아니라, 하나님의 자리를 차지하려고 한다. 자본주의 사회는 돈만 있으면 인생의 모든 문제가 해결될 수 있다고 부르짖는다. 자본주의가 선포하는 복음에 세뇌되어서 대부분의 사람들은 자기도 모르는 사이에 돈이 전능하다는 착각에 빠져 있다. 돈만 있으면 모든 문제가 해결될 수 있다고 생각하기 때문에 돈에 관심이 많다. 돈이 자신의 모든 문제를 해결할 수 있다는 착각에 빠져 있는 사람들은 이미 돈의 노예가 된 사람들이다. 돈은 하나님께서 그것을 사용하라고 주신 것이지, 그것을 섬기라고 주신 것이 결코 아니다.(눅 16:13) 돈이 우리의 주인이 될 수는 없다. 돈이 우리의 행동을 명령하고, 이끌어 가게 해서는 안 된다. 최종적 결정권자는 맘몬 Mammon : 아람어로 '돈의 신')이 아니라, 하나님이다.

    돈이 삶의 모든 고민과 문제를 해결해 준다고 믿는 사상을 '물질만능주의'라고 말한다. 물질만능주의는 인간의 유일하고 가장 높은 가치나 목적이 물질적인 행복에 있고, 더 많은 물질을 소유할수록 더 큰 행복을 누릴 수 있다고 주장한다. 그러나 예수님은 어떤 형태의 물질만능주의에 대해서도 강력하게 경고하신다: "삼가 모든 탐심을 물리치라. 사람의 생명이 그 소유의 넉넉한 데 있지 아니하니라."(눅 12:15) 예수님은 물질만능주의는 잘못된 것의 단계를 넘어서 어리석은 것이라고 분명히 지적하셨다: "사람이 만일 온 천하를 얻고도 제 목숨을 잃으면 무엇이 유익하리요? 사람이 무엇을 주고 제 목숨과 바꾸겠느냐?"(마 16:26)

예수님은 물질만능주의가 왜 어리석은 것인지를 한 부자의 비유를 들어서 설명하셨다.(눅 12:16-21) 한 부자가 밭에 소출이 풍성하자 창고를 확장하고, 여러 해 동안 풍족히 먹고 마실 수 있는 양식을 거기에 쌓아 두었다. 그리고 자신에 이렇게 말하면서 대단한 만족감을 표현한다: "또 내가 내 영혼에게 이르되, 영혼아 여러 해 쓸 물건을 많이 쌓아 두었으니, 평안히 쉬고, 먹고, 마시고, 즐거워하자 하리라."(눅 12:19) 그러나 예수님은 이 부자를 어리석은 자의 본보기라고 말씀하신다: "하나님은 이르시되, 어리석은 자여 오늘 밤에 네 영혼을 도로 찾으리니, 그러면 네 준비한 것이 누구의 것이 되겠느냐? 하셨으니, 21) 자기를 위하여 재물을 쌓아 두고, 하나님께 대하여 부요하지 못한 자가 이와 같으니라."(눅 12:20-21) 예수님의 말씀에 의하면, 물질만능주의는 잘못된 것 정도가 아니라, 방향을 잘못 잡아서 인생을 통째로 낭비하는 어리석은 것이다.

예수님이 말씀하신 어리석은 부자는 오늘날로 말하면, 자신을 성공한 사업가로 자부하는 사람의 본보기일 수 있다. 그러나 하나님을 잊어버린 부자는 결정적인 면에서 실패한 사람이다. 생명의 주인이 누구인지를 깨닫는 데 실패했으며, 자신이 가진 모든 것의 소유권이 누구에게 있는지를 깨닫는 데 실패했다. 뿐만 아니라, 인간은 빈손으로 왔다가 빈손으로 간다(욥 1:21, 전 5:15)는 동서고금의 지극히 평범한 사실을 깨닫는 데도 실패했다. 아무리 큰 부자가 죽었다고 하더라도, 그 장례식 행렬 뒤에 이삿짐 차가 따라가는 광경을 목격한 사람은 지금까지도 없었고, 앞으로도 영원히 없을 것이다.

예수님은 물질만능주의의 어리석음이 분명히 드러날 때가 있다고 경고하셨다. 누가복음 16장에 보면, 늘마다 좋은 옷을 입고, 좋은 음식을 먹고 마시며 즐겁게 사는 한 부자가 있었다. 그 부자의 집 대문 앞에는 제대로 먹지 못해서 영양실조로 온갖 피부병을 앓고 있는 나사로라는 거지가 있었다. 부자는 나사로의 헐벗고 굶주림에는 눈과 귀를 닫고 자신의 즐거움만 추구했다. 그렇게 살다가 두 사람은 이 세상에서의 유한한 삶을 마감하였다. 부자는 즐거움을 누리는 부자로서의 생을 마감하였고, 나사로는 고통당하는 거지로서의 생을 마감하였다. 그러나 죽은 다음에 부자와 나사로의 상황은 완전히 뒤바뀌었다. 이 땅에서 즐거움을 누리던 부자는 영원한 고통에 떨어졌고, 이 땅에서 고통을 당하던 나사로는 영원한 기쁨을 누리게 되었다.

예수님은 분명히 경고하신다. 죽은 다음에는 선택을 바꿀 수가 없다. 살아 있는 동안의 선택이 죽음 이후의 영원을 결정한다. 그렇기 때문에 하나님을 경외함으로 드리고, 나누는 삶은 옳은 일일 뿐만 아니라, 영원을 준비하는 지혜로운 행동이다. 우리가 어리석은 자가 아니라면, 이 땅에서 짧은 삶을 사는 동안 영원을 준비하는 지혜로운 선택을 해야 한다.

돈을 다스려라

하나님 앞에서 지혜로운 청지기로 살아가기 위해서는 돈을 다스리는 법을 배워야 한다. 돈은 관리하기에 따라서 사탄의 도구로 쓰일 수도 있고, 하나님의 도구로 쓰일 수도 있다. 하나님이 아니라 돈이 마음의 주인 자리를 차지하는 순간, 돈은 사탄의 도구가 될 수밖에 없다.

성경은 돈이 사탄의 도구를 쓰일 때, 얼마나 비참한 일이 일어나는지를 생생하게 증거하고 있다. 예수님의 열두 제자 중의 한 사람인 가룟 유다는 돈에 대한 욕심을 다스리지 못해서 수시로 돈을 도둑질했을 뿐만 아니라,(요 12:6) 급기야는 은 삼십에 예수님을 팔아 넘겼다.(마 26:14-16) 초대교회의 아나니아와 삽비라라는 부부는 돈에 대한 욕심을 버리지 못하고 성령을 속이다가 둘 다 죽음을 당하였다.(행 5:1-6) 이스라엘의 초대 왕으로 세움을 받은 사울은 재물에 대한 탐심 때문에 하나님의 명령을 어기고 아말렉의 모든 좋은 것들을 죽이지 않고 남겨 두었다.(삼상 15:9) 사울 왕은 탐심에 이끌려서 하나님의 말씀에 순종하는 것은 잊어버리고, 탈취하기에만 급급하였다.(삼상 15:19) 하나님의 말씀을 버리고 탐심의 노예가 된 사울은 하나님께 버림받고 비참한 모습으로 인생을 마감하였다.

재물의 주도권을 누가 잡느냐에 따라서 믿음과 삶 전체가 완전히 달라진다. 사탄이 주도권을 잡으면, 재물에 이끌리어서 사탄의 종노릇 하는 삶을 살 수밖에 없다. 하나님이 주도권을 잡으면 하나님께서 기뻐하시는 삶을 살게 된다. 이런 면에서 우리는 두 주인을 섬길 수 없다.(마 6:24) 재물에 대한 탐심과 하나님께 대한 믿음은 공존할 수 없다. 탐심은 재물을 하나님으로 섬기는 우상숭배이다.(골 3:5) 아말렉의 모든 좋은 것을 남긴 사울 왕과 은 삼십에 예수님을 팔아넘긴 가룟 유다와 성령을 속인 아나니아와 삽비라는 하나님을 사랑하고 말씀에 순종하는 것보다 돈을 더 사랑하였다. 하나님보다 돈을 더 사랑한 그들은 하나님께 버림을 받았다. 하나님과 재물을 겸하여 섬길 수 없다.

하나님을 영화롭게 하는 지혜로운 청지기의 삶을 살려면 돈을 다스릴 줄 알아야 한다. 이 땅에 살아가면서 선한 일을 하려면 돈이 반드시 필요하다. 누가복음 10장에 보면, 예루살렘에서 여리고로 내려가던 중에 강도를 만나서 거의 죽게 된 사람을 구해주고, 치료해준 어떤 사마리아 사람의 이야기가 있다. 만약 그 사마리아 사람에게 돈이 전혀 없었다면, 그는 강도를 만나서 거의 죽게 된 사람을 구원할 수 있었을까? 그 사마리아 사람이 돈에 대한 욕심이 있었다면, 그 일을 기꺼이 할 수 있었을까? 그는 돈도 있었고, 자기가 가진 돈을 선하게 사용할 줄 아는 지혜도 있었다. 돈은 우리의 삶과 행동을 주도해가는 속성을 가지고 있기 때문에, 그리스도인들이 하나님을 올바로 섬기는 삶을 살기 위해서는 돈을 다스릴 줄 알아야 한다. 돈을 다스리지 못하고, 돈의 지배를 받기 시작하면, 하나님이 기뻐하시는 일은 아무것도 할 수 없다. 이런 면에서, 이 땅의 모든 성도들이 아리마대 사람 요셉처럼 권력과 재물을 가지고 하나님이 기뻐하시는 선한 영향력을 드러내는 믿음 있는 부자가 되었으면 좋겠다.(눅 23:50-54) 십자가에서 죽으신 예수님의 시신을 부자의 무덤에 장사하는 사건에서 아리마대 사람 요셉은 자신의 믿음과 재물과 권력을 함께 사용했다.

하나님은 우리의 신앙 성장을 위해서 때로는 돈을 훈련 도구로 사용하신다. 우리가 살아가는 삶의 대부분이 돈을 다루는 것과 관련되어 있기 때문에, 돈을 떠나서는 살아갈 수가 없다. 하나님이 우리에게 맡긴 돈은 아무렇게나 낭비해도 되는 것이 아니라, 영원한 투자를 위한 자본금으로 주신 것이다. 우리는 돈을 천국에 가지고 갈 수는 없지만, 하나님께서 기뻐하시는 일에 지혜롭게 활용함으로써 천국의 영원한 창고에 미리 저축해 둘 수는 있다: "오직 너희를 위하여 보물을 하늘에 쌓아 두라. 거기는 좀이나 동록이 해하지 못하며, 도둑이 구멍을 뚫지도 못하고, 도둑질도 못하느니라."(마 6:20) 아리마대 사람 요셉처럼 하나님의 나라를 위해서 돈의 영향력을 선하게 활용할 줄 아는 선한 부자가 되어야 한다. 이런 면에서, 돈의 활용은 우리의 믿음과 영성을 측정하는 온도계 역할을 한다.

드림은 하나님을 향한 사랑의 표현이다

우리에게 맡겨진 재물을 선하게 활용하는 구체적인 방법은 크게

'드림'과 '나눔'이라는 두 가지 개념으로 정리할 수 있다. '드림'은 하나님께 드리는 여러 가지 제물과 헌물을 의미한다. 헌금에 대한 성경의 설명을 요약하면, 십일조와 여러 종류의 자발적으로 드리는 헌물로 구성되어 있다. 십일조는 시대와 상황을 초월하여 반드시 드려야 하는 필수적인 의무로 규정되어 있다. 그리고 자발적으로 드리는 헌금은 필요에 따라서 드리는 것이다. 자발적 헌금은 십일조에 포함되는 것이 아니라, 그 이상을 드리는 것이다. 사람들이 십일조 이외에 자발적으로 자기 재산이나 소득의 몇 퍼센트를 더 드렸는지를 알 수는 없다. 그야말로 자신의 믿음의 분량대로 기쁨으로 드리는 것이다.

하나님께 드림에 있어서 가장 중요한 것은 필수적 의무로 규정된 십일조이다. 십일조란 단어의 뜻은 '열 번째 부분'이란 의미이다. 성경은 우리가 가진 모든 재물은 기본적으로 하나님의 것이라고 말씀하지만, 그 중에서도 특별히 십일조는 엄격하게 구별하여 반드시 하나님께 드려야 하는 의무로 규정하고 있다. 성경은 하나님께 온전한 10%보다 적게 드리는 것은 하나님의 것을 도둑질하는 것이라고 경고한다.(말 3:8) 하나님은 온전한 십일조를 창고에 들이라고 했지 일부만 가져오라고 말씀하지 않으셨다. 이 말씀의 의미는 하나님께서 우리에게 맡기신 재물 중에서 10%는 하나님께 속한 것이지, 우리의 관리 대상에 속한 것이 아니라는 말이다. 다시 말하면, 하나님께서 어떤 사람에게 하나님의 기쁘신 뜻을 따라 재물을 맡기면, 그 중에서 10%는 구별하여 반드시 하나님께 드리고, 나머지 90%를 하나님의 뜻에 따라 선하게 활용하라는 것이다. 이것이 십일조를 하나님께 드리는 필수적 의무로 규정한 말씀의 근본정신이다.

  십일조는 그 소유권과 활용의 재량권이 하나님께 속한 것이지, 사람에게 속한 것이 아니다.(레 27:30) 십일조는 어떤 특정한 소득에만 적용되는 것이 아니라, 모든 소득에 적용된다. 십일조는 하나님께 드리기 위해 구별되었고, 다른 목적으로 사용될 수 없다. 성경이 이렇게 십일조에 대해서 엄격하게 규정한 목적은 언약 백성들의 삶에서 하나님을 첫 번째로 두는 훈련을 시키기 위한 것이다. 10분의 1을 드리는 것은 나머지 10분의 9를 대표하기 때문에, 십일조는 자기의 삶 전체를 하나님께 드리는 것을 상징한다. 다시 말하면, 10분의 1을 드리는 것은 나머지 10분의 9도 하나님의 것이라는 사실을 행동으로 고백하는 믿음의 고백이다.

성경에 규정한 대로 십일조를 가르치는 것에 대해서 적지 않은 사람들이 거부감을 가지는 것도 사실이다. 오늘날 상당수의 사람들이 십일조 폐기론, 혹은 십일조 무용론을 주장한다. 십일조 폐지론을 주장하는 사람들이 제시하는 이유가 여러 가지 있다. 그 중에서 첫 번째가 율법과 은혜를 대비시키는 것이다. 십일조는 율법에 근거한 것이기 때문에, 예수님의 십자가를 통한 새 언약 아래 있는 사람들에게는 십일조가 필요 없다는 것이다.

  구약의 율법서에서 여러 종류의 십일조를 규정하고 있는 것이 사실이지만, 성경을 좀 더 자세히 보면 십일조는 모세의 율법 훨씬 이전부터 시작되었다. 아브라함은 제사장 멜기세덱에게 십일조를 드렸으며,(창 14:20) 야곱은 아버지의 집을 떠나는 위기상황에서 하나님께 십일조를 서원하였다.(창 28:22) 그리고 십일조는 율법으로 대표되는 옛 언약뿐간 아니라, 십자가로 대표되는 새 언약 안에서도 지속적인 효력을 가진다. 십일조가 폐기되었다는 말씀은 성경 어디에서도 찾을 수 없으며, 예수님도 십일조를 직접적으로 확인해 주셨다.(마 23:23) 예수님은 율법을 완성하러 오셨으며,(마 5:17) 그 중에 어느 하나도 므가치한 것으로 폐기하지 않으셨다. 은혜 아래 살아간다는 것은 율법 아래 있을 때보다 더 낮은 기준으로 사는 것을 의미하지는 않는다.(마 5:20) 진정으로 은혜 아래 있는 사람들은 오히려 10%보다 훨씬 더 많은 것을 드렸다.(행 4:32)

또 어떤 사람들은 십일조는 의무 규정이라기보다는 각자의 믿음의 분량을 따라 자원하여 드리는 것이라고 주장한다. 그렇게 되면, 십일조는 의두가 아니라 각자의 선택 사항으로 약화된다. 그러나 앞에서도 언급하였듯이, 성경은 결코 그렇게 말하지 않는다. 십일조는 자발적으로 드리는 헌금과 분명히 구별되는 의무이다. 자발적 헌금이 십일조를 폐기하지 않는다. 신약뿐만 아니라, 구약에도 여러 종류의 자발적 헌금이 있었다. 십일조냐? 자발적인 헌금이냐? 는 양자택일의 문제가 아니라, 예수님의 말씀처럼 '이것도 행하고 저것도 버리지 말아야' 한다.(마 23:23)

일반적으로 '믿음의 분량을 따라 자발적으로 드리는 헌금'이라는 말은 '내가 드리고 싶은 만큼 드리는 헌금'을 의미한다. 이것은 하나님의 기준이 아니라, 자신의 자의적인 기준이다. 하나님의 기준이 아니라 자신의 자의적인 기준에 따라서 행동하는 것은 청지기의 가장 기본적인 의무에서 벗어난 것이다. 예수님께서 말씀하신 포도나무 비유(요 15장)로 말한다면, 가지가 줄기에서 떨어져 나오는 것과 같은 것이다. 앞에서 언급한 사울 왕이나 가룟 유다도 모두 자신의 자의적인 기준에 따라서 행동한 사람들이다. 줄기에서 떨어져 나와서 말라버린 가지들과 같은 사람들이다.

이외에도 십일조의 폐지를 주장하는 여러 가지 이유들이 있다. 그 이유가 무엇이든지 간에 십일조 폐지론은 성경을 성경의 근본정신에 맞게 해석하고 적용하는 것이 아니라, 자의적 기준으로 해석하고 적용한 것이다. 그리고 좀더 심하게 표현하면, 십일조를 반대하는 사람들의 논리는 그들 자신이 드리지 못하는 것을 정당화시키기 위한 논쟁에 불과하다. 율법이 우리를 그리스도께로 인도하는 초등교사인 것처럼,(갈 3:24) 십일조는 우리를 온전한 드림의 길로 인도하는 초등교사이다.

무엇을 하든지 나의 자의적인 기준이 아니라, 하나님께서 명령하신 곳에서 시작해야 한다. 십일조를 드리는 것은 재물을 지혜롭게 활용하는 청지기적 삶에 있어서 아장아장 걷기 시작하는 어린 아이의 첫 번째 발걸음과 같다. 내가 가진 모든 것의 소유권이 하나님께 있다는 하나님의 소유권에 대한 인정과 고백은 십일조로부터 시작한다. 순종을 연기하는 것은 하나님께 불순종하는 것이다. 이런 면에서, 십일조는 드림의 완성이나 최종목적지가 아니라, 시작이요 출발점이다.

십일조 이외에 성경에 언급하고 있는 여러 가지 자발적 헌금을 포함한 모든 드림은 하나님의 은혜에 대한 보답이다. 우리가 아무리 많은 것을 드려도 하나님께서 우리에게 베푸신 것보다 더 많이 드릴 수는 없다. 왜냐하면, 다윗의 고백대로 내가 가진 모든 것이 하나님의 것이며, 하나님께서 내게 주신 것 중에서 일부를 하나님께 드리는 것이기 때문이다.(대상 29:11-14)

나눔은 이웃 사랑의 실천이다

'드림'이 하나님께 대한 우리의 믿음을 고백하고, 사랑을 표현하는 행동이라면, '나눔'은 이웃에 대한 우리의 사랑을 실천하는 행동이다. 우리에게는 나눔을 통하여 가난한 사람을 도울 책임이 있다. 가난한 사람들을 돌보는 것은 성경 전체의 중요한 주제이다. 우리가 살아가는 사회가 전체적으로 생활수준이 높아지고, 먹고 마시는 것이 풍족해져도 이 땅에서 가난한 자가 완전히 없어지지는 않는다. 하나님께서 그런 실상을 누구보다도 더 잘 아시기 때문에 가난한 자에 대한 배려를 명령하셨다: " 땅에는 언제든지 가난한 자가 그치지 아니하겠으므로, 내가 네게 명령하여 이르노니, 너는 반드시 네 땅 안에 네 형제 중 곤란한 자와 궁핍한 자에게 네 손을 펼지니라."(신 15:11) 추수할 때도 밭에 떨어진 이삭을 줍지 말고 가난한 자들을 위해서 남겨둘 뿐만 아니라, 밭모퉁이까지 다 추수하지 말고 얼마를 남겨 두어서 적극적으로 가난한 자들을 배려하라고 명령하신다.(레 19:9-10) 선지자들은 가난한 자들을 돌보라는 하나님의 명령을 담대히 선포했다.(사 58:7, 10-11) 예수님도 가난한 자들에게 복음(눅 4:18)과 구제(요 13:29)로 다가가셨다. 초대교회는 가난한 사람들을 돕기 위해서 특별헌금을 하기도 했다.(행 11:27-30)

가난한 사람들을 돌보는 것은 성경전체를 관통하는 중요한 주제임과 동시에 하나님께서 상급을 약속하면서까지 장려하는 행동이다.(신 15:10, 잠 19:17, 22:9, 28:27, 마 10:42) 가난한 자들이 끊이지 않는 세상에서 부자들이 하나님으로부터 많은 것을 맡은 것에 대해서 죄책감을 느낄 필요는 없다. 오히려 긍휼한 마음을 가지고 가난한 사람들을 도울 책임감을 느껴야 한다. 부자들에 대한 성경의 권면은 가난한 사람들을 피하지 말고 적극적으로 도우라고 말씀한다. 이런 면에서 300년 동안 부를 유지한 경주 최 부잣집의 재물관리의 원칙은 우리에게 중요한 교훈을 준다.

최 부잣집이 재물을 관리했던 원칙을 보면, 가난한 사람들과 더불어 살아가는 이상적인 부자의 모습을 실천한 보기 드문 사례로 꼽을 만하다. 일반적으로 사람들은 부자가 되면, 더 많이 쌓아두려고 하고, 자기 자신을 위한 소비수준을 높여서 방탕하게 되는 경우가 허다하다. 그러나 최 부잣집은 그런 일반적인 성향을 철저하게 절제하고 다스렸다. 최 부잣집이 재물을 관리하는 정신과 원칙은 그 집의 가훈으로 전해지는 '육훈 六訓'에 잘 나타나 있다.

'육훈 六訓'의 내용을 간략하게 정리하면 다음과 같다: 첫째, 과거를 보되 진사 이상은 하지 마라. 둘째, 재산은 만 석 이상 모으지 마라. 셋째, 과객을 후하게 대접하라. 넷째, 흉년에는 재산을 늘리지 마라. 다섯째, 사방 백 리 안에 굶어 죽는 사람이 없게 하라. 여섯째, 며느리들은 시집온 후 3년간 무명옷을 입어라.

'육훈 六訓'을 보면 더불어 살아가는 공동체 안에서 부자들에게 요구되는 가치관이 어떤 것이어야 하는지를 발견할 수 있다. 첫째는 재물을 관리함에 있어서 우선순위가 분명하다. 이 집안은 흉년이 들면 소작농에게서 곡식을 거둬들이지 않았다고 한다. 그리고 흉년에는 땅도 사지 않았다고 한다. 재물보다 생명이 먼저라는 사상이 분명히 드러난다. 재산을 축적하거나 늘리기 위해서 다른 사람들의 어려움을 이용하지 말고, 오히려 어려움에 처해 있는 사람들을 배려하라는 것이다.

둘째는 가진 자들의 책임에 관한 문제가 분명히 드러난다. 이 집안이 사는 곳에서 사방 백리까지는 굶어 죽는 사람이 없게 했다고 한다. 이것은 가난한 사람들에 대한 부자들의 책임감을 표현하는 것이다. 오늘날 흔히 쓰는 말로 표현하면, 노블레스 오블리주(noblesse oblige ; 높은 사회적 신분에 상응하는 투철한 도덕의식과 솔선수범하는 책임감)를 실천한 대표적 본보기라고 할 수 있다.

셋째는 기부의 실천이다. 이 집안은 부를 만 석 이상 축적하지 말라고 했다. 그 이상은 다른 사람들에게 베풀고 나누라는 것이다. 가난한 사람들뿐만 아니라 그 집에 찾아오는 손님들을 후하게 대접한 것으로도 유명하다. 가난한 사람들과 주위사람들에게 나누고 베푸는 데는 대단히 관대하였지만, 며느리들은 시집온 후 3년간 무명옷을 입으라는 교훈에서 보듯이, 자신을 위한 소비는 엄격하게 통제하고 절제했음을 알 수 있다. 기부하고 나누면 없어질 것 같지만,

성경은 그렇지 않다고 말씀한다: "흩어 구제하여도 더욱 부하게 되는 일이 있나니, 과도히 아껴도 가난하게 될 뿐이니라. 25) 구제를 좋아하는 자는 풍족하여질 것이요, 남을 윤택하게 하는 자는 자기도 윤택하여지리라."(잠 11:24-25) 경주 최 부잣집의 재물 관리 원칙은 잠언의 교훈을 그대로 실천한 것이라고 말할 수 있다.

우리에게는 가난한 사람들을 도울 책임이 있다. 그러나 가난한 사람들을 돕는 데는 지혜가 필요하다. 성경은 부자들의 책임을 강조하지만, 동시에 가난한 사람들의 책임도 강조한다. 그리스도인들은 무책임한 사람들에게 도움을 줄 것이 아니라, 책임 있는 사람들의 부족한 부분을 채워주어야 한다. 필요한 수입을 얻을 수 있는 능력이 부족해서가 아니라, 무책임하게 살기 때문에 가난하게 되는 사람들도 있고,(잠 21:17) 게으르기 때문에 가난하게 사는 사람들도 있다.(잠 10:4, 20:4, 24:30-34, 전 4:5) 게으르고 방종한 사람들을 재정적으로 도와서 빈곤으로부터 구출하려는 시도는 어리석은 행동이다. 바울 사도는 게을러서 가난한 사람들을 도우라고 말하기 전에 가난한 사람들의 책임을 훨씬 더 강조하고 있다.(살후 3:10-12) 일을 할 수 있는 몸이지만 일을 하지 않는 사람에게 지속적으로 돈이 가면, 이 돈은 그 사람을 일에서 더 멀어지게 만들고, 더 게으르게 만들 뿐이다.

정말로 가난한 사람들은 당연히 도와야 한다. 그러나 가난한 사람들에게 무차별적으로 돈을 나누어 주는 것은 오히려 재앙이 될 수 있다. 진정으로 가난한 사람들은 남에게 도움을 청하는 것을 주저하지만, 전문적으로 가난한 사람들은 주는 대로 받아 챙긴다. 가난한 사람들을 도와야 하지만, 지혜로운 방법을 사용해야 한다. 가난한 사람들의 빈곤에 대한 근본적인 원인과 장기적인 효과를 고려하여 체계적으로 도와야 한다. 이런 면에서 구약의 이삭줍기 규례는 여러 가지 면에서 배울 점이 많다. 가난한 자를 배려하고, 도움을 주되 가만히 앉아 있는 사람들에게 곡식을 안겨주라고 말하지 않는다. 추수한 밭에 떨어진 이삭은 가난한 자들을 위해서 줍지 말라고 한다. 그리고 추수를 할 때 밭모퉁이 얼마는 가난한 자들을 위해서 남겨두라고 한다. 그러면 가난한 사람들은 밭으로 나가서 이삭줍기를 통해서 자기에게 필요한 양식을 구해 오는 것이다.

간단히 말하면, 다른 사람의 도움을 받되, 최소한의 노력과 희생을 통해서 도움을 받게 하는 것이다. 그렇게 하는 이유는 바울 사도가 권면한 것처럼, 그 사람의 생활 습관을 훈련시켜서 스스로 자립하게 하는 데 목적이 있다: "우리가 너희와 함께 있을 때에도 너희에게 명하기를, 누구든지 일하기 싫어하거든 먹지도 말게 하라 하였더니, 11) 우리가 들은즉 너희 가운데 게으르게 행하여 도무지 일하지 아니하고 일을 만들기만 하는 자들이 있다 하니, 12) 이런 자들에게 우리가 명하고 주 예수 그리스도 안에서 권하기를 조용히 일하여 자기 양식을 먹으라 하노라."(살후 3:10-12)

물질적인 복은 답안지가 아니라 시험지이다

하나님께서 우리에게 물질적인 복을 주신 이유를 심각하게 생각해 본 적이 있는가? 하나님께서 우리에게 물질적으로 풍족한 복을 주신 이유는 그것을 관대하게 나누고 드리라는 의미이다.(고후 9:10-11) 하나님께서 종종 물질적인 복을 많이 주실 때, 그것을 축복이라고 생각하기 쉽지만, 오히려 이 땅에 사는 동안 우리가 삶으로 풀어야 할 시험문제라고 생각하는 것이 성경적이다.(잠 30:8-9) 물질적인 복은 우리가 이 땅에서 사치스럽게 누리라고 주신 것이 아니라, 그것으로 하나님의 영광을 드러내고, 다른 사람들에게 하나님의 사랑을 실천하라고 주신 하나님의 시험문제이다.

    청지기적 관점에서 재물을 지혜롭게 관리하고 활용하기 위해서는 성령의 인도하심을 따라 전략적인 삶을 계획하고 실천해야 한다. 하나님 나라가 우리의 영원한 고향이라는 사실을 분명히 믿고 고백한다면, 나그네의 삶을 살아가는 이 땅에서는 더 검소하게 살고, 더 관대하게 드리고 나누어야 한다. 재물은 하나님께서 지혜롭게 활용하라고 맡기신 것이기 때문에, 재물을 맡은 우리들은 하나님 나라에서 착하고 충성된 사람으로 인정받는 하나님의 평가에 마음을 집중해야 한다. 왜냐하면, 하나님이 주신 시험지에 우리가 삶으로 작성한 답안을 평가하는 채점자는 우리가 아니라 하나님이기 때문이다. 이 땅을 떠나서 하나님 앞에서 평가 받는 그 순간에 우리에게 가장 중요한 것이, 지금 이 순간 우리에게서 가장 중요한 것이 되게 해야 한다. 장례행렬 뒤에 이삿짐 차가 따라가는 경우는 없다. 우리는 재물을 천국에 가져갈 수는 없지만, 하나님은 우리에게 미리 송금하여 천국에 쌓아둘 수 있는 방법을 가르쳐 주셨다.(마 6:19-33)

되새김질을 위한 질문

1. 성경의 가르침에 비추어 본다면, 하나님께서 재물을 맡은 청지기를 평가하는 핵심적인 기준 두 가지는 무엇이라고 생각하십니까?

2. 성경은 믿음과 기도에 대한 구절을 합친 것보다 2배나 많은 구절을 돈에 대해서 언급할 정도로 돈을 대단히 중요하게 다루고 있습니다. 성경에서 돈을 이렇게 중요하게 다루고 있는 이유는 무엇이라고 생각하십니까?

3. '물질만능주의'는 어떤 사상입니까? 예수님은 '물질만능주의'의 어리석음을 어떻게 설명하십니까?

4. 돈은 관리하기에 따라서 하나님의 도구로 쓰일 수도 있고, 사탄의 도구로 쓰일 수도 있습니다. 이 두 가지 경우의 실례들을 간단히 정리해 봅시다.

5. 돈을 관리함에 있어서 하나님께 대한 필수적인 의무로 규정된 가장 중요한 것은 무엇이라고 생각하십니까?

6. 십일조 폐지론을 주장하는 사람들이 제시하는 이유는 무엇입니까?
   그 이유들이 성경적 관점에서 타당하다고 생각하십니까?

7. 돈을 관리함에 있어서 이웃에 대한 의무는 무엇이라고
   생각하십니까?

8. 경주 최 부잣집 이야기는 더불어 살아가는 공동체에서 이상적인
   부자의 모습을 실천한 대표적인 사례로 꼽히고 있습니다.
   최 부잣집이 재물을 관리하는 정신과 원칙을 간단히 정리해 봅시다.

9. 구약은 이삭줍기를 가난한 사람들을 돕는 실천적인 방법으로
   제시합니다. 이삭줍기 규례가 가르치는 근본정신은 무엇이라고
   생각하십니까?

10. 하나님께서 우리에게 물질적으로 풍족한 복을 주셨다면, 그 이유는
    무엇이라고 생각하십니까?

Chapter Ten

10
영성이 회복되어야 삶이 회복된다

영성의 핵심은 결정권의 문제이다
아버지에게서 결정권을 쟁취함
아버지에게 결정권을 전적으로 위임함
아버지가 결정권을 행사함
결정권을 하나님께 위임하라

10

영성 훈련은 하나님의 부르심에 즉각적으로 반응할 수 있도록 영적 순발력을 향상시키는 것이다. 하나님의 청지기로 부름을 받은 인간이 하나님의 부르심에 관계없이 자기 마음대로 행동한다면, 하나님이 창조하신 의도에서 벗어난 것이다. 하나님의 의도에서 벗어난 것을 타락이라고 말한다. 하나님이 창조하신 세계가 하나님의 의도에서 벗어나서 잘못 작동한다면, 창조질서가 타락한 것이다. 영성도 마찬가지이다. 하나님은 인간이 하나님과 교제하면서 하나님의 뜻에 따라 생각하고, 결정하고, 행동하도록 하나님의 형상대로 창조하셨다. 하나님의 형상대로 창조된 인간이 하나님의 뜻을 무시하고 자기 마음대로 행동한다면, 그것은 하나님의 부르심에 반응하는 영성이 제대로 작동하지 않고 타락한 것이다.

영성의 핵심은 결정권의 문제이다

영성은 하나님과 관계를 맺는 방식이기 때문에, 영성의 핵심은 결정권의 문제이다. 하나님의 형상대로 창조된 인간이 하나님의 뜻에 따라 순종한다면, 영성이 정상적으로 작동하는 것이다. 반대로, 하나님의 형상대로 만들어진 인간이 하나님의 뜻과 상관없이 자기 마음대로 판단하고 행동한다면, 하나님께 반응하는 영성이 창조자의 의도에서 벗어나서 타락한 것이다. 누구의 뜻에 따라서 행동하느냐? 누가 결정권을 행사하느냐? 결정권을 행사하는 주체에 따라서 하나님과의 관계가 아름답게 유지될 수도 있고, 깨어질 수도 있다.

모든 피조물들은 자신의 기쁘신 뜻을 따라 우주 만물을 창조하신 하나님의 결정권에 의해서 서로 아름다운 관계를 유지하는 우주적 공동체를 형성하였다: "하나님이 지으신 그 모든 것을 보시니, 보시기에 심히 좋았더라."(창 1:31) 하나님의 뜻에 따라 모든 피조물이 아름답게 존재하는 상태가 '잘' 혹은 '올바르게 존재하는' well-being 상태이다. 그와 반대로, 아름다운 조화가 깨어진 상태로 존재하는 것은 '나쁘게 존재하는' ill-being 상태이다. 창세기 1장 31절에서 보듯이 하나님은 모든 피조물들이 조화로운 관계성 속에서 아름답게 존재하도록 창조하셨다.

하나님이 창조하신 아름다운 관계는 아담이 결정권을 잘못 행사함으로 인하여 깨어졌다. 아담과 하와는 하나님과 같이 되려는 욕심에 사로잡혀서 하나님의 결정권을 무시하고, 자기들 마음대로 행동하여 하나님의 명령에 불순종했다.(창 3 5-6) 아담이 하나님의 명령을 무시하고 자기 마음대로 행동함으로 인하여 창조질서의 아름다운 관계가 깨어졌다. 하나님의 부르심에 즉각적으로 응답해야 할 아담이 하나님의 음성을 듣고 두려워하여 숨어버렸다.(창 3:8-10) 하나님과 아름다운 관계가 깨어진 것이다. 하나님의 부르심에 적절하게 반응하는 영성이 제대로 작동하지 않고 깨어진 것이다.

아담이 결정권을 잘못 행사함으로 인하여 하나님과의 관계만 깨어진 것이 아니다. 하나님이 창조하신 모든 피조물들과의 관계도 다 깨어졌다. 아담과 하와 사이의 관계도 아름다운 사랑의 관계(창 2:23-25)에서 서로 다투고 투쟁하는 경쟁적 관계(창 3:12, 16)로 타락했다. 자연과의 관계도 깨어져서 땅이 아담의 경작에 아름다운 열매로 순종하는 것이 아니라, 가시덤불과 엉겅퀴를 내면서까지 아담의 노력에 불순종하고 저항하는 관계가 되었다.(창 3:18) 아담은 불순종하는 자연에서 양식을 얻기 위해서 일평생 엄청난 수고를 해야만 했다.(창 3:17) 급기야는 땅에 굴복하여 흙으로 돌아가는 비참한 결과를 맞이하게 되었다.(창 3:19) 이렇게 깨어진 관계성 속에서 살아가는 인간의 모습은 어느 모로 보나 '올바르게 존재하는' well-being 것이 아니다. 하나님이 창조하신 의도와는 다르게 아름다운 관계가 깨어진 상태에서 '나쁘게 존재하는' ill-being 것이다. 아담의 잘못된 결정권 행사가 하나님과 아름다운 관계를 깨었으며, 모든 피조물들 사이에 형성된 아름다운 관계도 깨어버렸다.

영성 훈련은 아담의 불순종으로 인하여 깨어진 하나님과의 관계를 회복하고 삶의 모습을 복원시키는 것이다. 하나님과의 관계 회복은 결정권의 회복에 달려 있다. 하나님의 창조질서를 따라서 결정권을 올바르게 행사할 때 깨어진 관계가 회복되고, 깨어진 영성이 회복된다. 이런 면에서 영성 훈련은 우리의 존재 양식을 타락한 'Ill-Being'의 상태에서 창조 시의 원래의 모습인 'Well-Being'의 상태로 회복하는 것이다. 여기서 핵심은 결정권의 회복이다. 우리가 행사하는 결정권이 하나님의 뜻에 순종하는 창조 당시의 상태로 회복될 때, 우리의 존재 양식과 영성도 창조 당시의 아름다운 모습으로 회복될 수 있다.

영성 훈련은 '나의 삶 속에서 하나님이 활동할 수 있는 마음의 공간을 비워드리는 것'이다. 왜냐하면, 그렇게 하는 것이 하나님과 아름다운 관계를 맺는 구체적인 방법이기 때문이다. 하나님께 마음의 공간을 비워드린다는 것은 결정권을 하나님께 전적으로 위임하는 것을 의미한다. 결정권을 위임한다는 것은 자기 마음대로 행동하는 것이 아니라, 하나님의 뜻에 순종하는 것이다. 따라서 결정권을 행사하는 방식에 따라서 우리의 존재양식과 삶의 질이 결정된다.

결정권의 행사가 우리의 영적, 육체적 존재 양식과 삶에 어떤 영향을 미치는지는 인간과 하나님과의 관계를 비유적으로 설명한 '탕자의 비유'(눅 15:11-24)를 보면 좀 더 쉽게 이해할 수 있다.

아버지에게서 결정권을 쟁취함

탕자의 비유는 결정권을 행사하는 방식에 따라서 3단계의 시기로 구분할 수 있다. 그 첫 번째 단계는 아버지와 투쟁하여 결정권을 빼앗아 오는 단계이다. 작은 아들은 자기에게 돌아올 상속분을 달라고 아버지에게 요구한다.(눅 15:12) 아들이 아버지에게 상속권을 요구하는 것은 아버지의 권위를 무시하고, 아버지에게 속한 결정권을 빼앗는 무례한 행동이다. 아버지가 세상을 떠나지 않는 한, 아들은 자기 마음대로 아버지의 재산을 처분할 권한이 없다. 따라서 아버지에게 상속 재산을 요구하는 아들의 행동은 마치 아버지가 빨리 죽어주기를 바라는 반항적 행동이다. 아들은 아버지와 자신의 관계를 투쟁적 경쟁관계로 설정하고, 아버지가 죽기도 전에 상속권을 빼앗아 왔다. 아버지가 상속으로 분할해 준 재산을 자기 마음대로 처분하는 것은 아버지의 죽음을 선언하는 것이나 마찬가지이다.

아버지에게서 상속 재산을 받은 아들은 그것을 처분하여 먼 나라로 떠난다.(13절) 지금부터는 더 이상 아버지의 어떠한 간섭도 받지 않겠다는 결연한 행동이다. 아버지의 결정권을 빼앗았을 뿐만 아니라, 아버지의 어떠한 간섭도 거부하는 것이다. 아들이 아버지의 간섭을 거부하고, 아버지의 집을 떠난다는 것은 아버지의 음성을 더 이상 듣지 않겠다는 영적 단절을 의미한다.

아버지의 간섭을 거부하고, 아버지의 재산을 처분하여 먼 나라로 떠난 아들은 자기가 그렇게도 바라던 자유를 만끽하게 된다. 아버지의 어떤 간섭도 받지 않고, 자기 마음대로 결정권을 행사하면서 허랑방탕한 생활로 아버지가 나누어준 재산을 다 낭비해버렸다. 아버지에게서 받은 재산이 남아 있는 동안에는 탕자에게 결정권을 행사할 여력이 있었다.

그러나 재산을 다 탕진한 후에는 자기 스스로 결정권을 행사할 수 있는 수단을 다 잃어버리고 다른 사람의 결정권 아래로 들어가게 된다. 흉년을 맞이해서 먹고 살 길이 없어지자 그 지역의 한 사람에게 붙어살면서, 그 사람이 시키는 대로 돼지 치는 일을 하게 된다. 아버지에게서 쟁취하였다고 생각한 자유를 다 잃어버리고, 다른 사람의 노예가 된 것이다. 더 비참한 것은 먹을 양식은 고사하고, 돼지가 먹는 쥐엄 열매로 배를 채우고자 했지만, 그것조차도 주는 사람이 없었다. 배를 채우기 위해서 돼지가 먹는 쥐엄 열매를 놓고, 서로 먹으려고 돼지와 경쟁하는 비참한 상태로 전락했다.(16절)

아버지의 결정권을 거부하고, 아버지의 집을 떠나는 탕자의 모습은, 에덴동산에서 아담이 하나님과 같이 되려고 자기 마음대로 결정권을 행사한 반역의 복사판이다. 탕자는 아버지의 조건 없는 사랑을 거부했다. 간섭 받기 싫어하고, 자기 스스로도 잘 할 수 있다고 큰소리치면서 아버지 집을 떠났다. 에덴동산에서 사탄의 유혹에 빠져서 하나님과 같이 되려고 하나님의 뜻을 거역하고 불순종한 아담과 하와의 행동이 바로 이런 것이다.

탕자가 아버지로부터 결정권을 빼앗아서 자기 마음대로 행동한 결과는 '떠남'과 '타락'이다. 탕자는 아버지를 자신의 경쟁자로 생각했기 때문에 자기가 필요한 것을 획득한 순간 아버지를 떠났다. 부자간의 아름다운 사랑의 관계는 완전히 깨어지고 말았다.

아버지를 떠나서 먼 나라에서 허랑방탕하게 생활하면서 점점 더 죄악과 타락의 길로 빠져들었다. 급기야는 한 사람에게 붙어서 힘든 일을 하는 노예로 전락했으며, 돼지와 먹는 것을 다투는 존재로 전락하고 말았다. 부잣집 아들이 이방 땅에 가서, 사람도 아닌 돼지와 먹을 것을 다투는 비참한 투쟁적 경쟁관계로 타락하고 말았다. 조건 없는 아버지의 사랑을 거역하고 자기 마음대로 결정권을 행사한 결과는 '떠남'과 '타락'이었다.

아버지에게 결정권을 전적으로 위임함

사람들이 사는 세상에서 돼지가 사는 돼지우리로 쫓겨난 탕자는 그때서야 자기의 잘못을 깨닫기 시작했다. 탕자에게 있어서 아버지의 집은 아버지의 조건 없는 사랑이 지배하는 곳이었다. 탕자가 아버지 집을 떠나서 멀리멀리 도망친 세상은 수많은 조건으로 얽혀 있는 조건적인 사랑이 지배하는 곳이었다. 조건 없는 사랑이 지배하는 아버지의 집을 떠나서 사랑으로 포장된 조건적인 이해관계가 지배하는 세상으로 도망쳤다는 것은 사랑을 받는 자리에서 사랑을 구걸하는 자리로 도망친 것이다. 탕자가 세상으로부터 사랑 받고, 인정받기 위해서는 자기가 세상 사람들로부터 인정받을 만한 자격이 있다는 것을 증명해 보여야 한다. 이것이 바로 사랑을 구걸하는 것이다.

　아버지 집이 아닌 세상은 그들의 조건을 충족시키는 순간까지는 탕자를 영웅처럼 대접하였다. 그러나 아버지로부터 받은 재산을 다 탕진하고, 빈털터리가 되어서 더 이상 나눠줄 선물보따리가 없어지자 세상은 그를 헌신짝 버리듯이 버렸다. 사람들로부터 철저하게 버림을 받아서 돼지우리로 쫓겨났다. 사람들은 먹을 것도 주지 않을 정도로 그를 철저하게 버렸다. 탕자는 세상으로부터 철저하게 버림을 당하였고, 완전히 잊혀진 존재가 되었다. 이제 그에게 남은 것은 죽음 밖에 없었다. 더 정확하게 말하면, 아버지 집을 떠나서 세상 사람들로부터 완전히 잊혀진 탕자는 먼 나라에서 이미 죽었다.

　죽음의 문턱을 넘어서려는 순간 탕자의 마음 속 깊은 곳에서 한 마디의 음성이 들려왔다. 그래도 나는 부자 아버지의 아들이다: "이에 스스로 돌이켜 이르되, 내 아버지에게는 양식이 풍족한 품꾼이 얼마나 많은가? 나는 여기서 주려 죽는구나."(눅 15:17) 그가 아버지의 아들이라는 사실을 자각했기 때문에 죽음의 문턱을 넘어서려는 순간 양식이 풍족한 아버지 집을 생각한 것이다. 내가 잘못한 것이 무엇이든, 내가 잃어버리고 탕진한 것이 무엇이든지 간에, 나는 아버지의 아들이다. 세상 사람들이 나를 버렸어도 그래도 나는 아버지의 아들이다. 나는 비록 먼 곳에서 버림을 받아서 굶어 죽기 직전에 있지만, 그래도 내게는 양식이 풍족한 아버지가 있다. 16절("그가 돼지 먹는 쥐엄 열매로 배를 채우고자 하되 주는 자가 없는지라.")이 아버지 집을 떠나 먼 곳에서 철저하게 버림을 받은 탕자의 모습을 설명한다면, 17절은 죽음의 문턱으로 던져진 비참한 상황에서, 그래도 아버지의 아들이라는 사실을 자각하는 탕자의 모습을 설명한다.

탕자는 굶어 죽을 수밖에 없는 자신의 비참한 상태와 양식이 풍족한 아버지 집이 그의 마음속에 겹쳐지면서, 자신이 왜 이런 비참한 상태에 떨어지게 되었는지를 깨닫기 시작했다. 자기가 무엇을 어떻게 잘못했는지를 깨달았다. 탕자의 귀향은 바로 여기서 시작된다. 자기의 잘못이 무엇인지를 깨닫는 순간, 자기의 잘못으로 모든 것을 잃어버렸음에도 불구하고 그래도 아버지의 아들이라는 사실을 깨닫는 순간, 탕자는 죽음대신 아버지께로 돌아감을 선택한다.

아버지 집으로 돌아가기로 결심한 탕자는 두 가지를 굳게 결심한다. 첫 번째는 자기의 잘못을 아버지께 고백하는 것이다.(18절) 두 번째는 아버지의 아들 됨을 포기하는 것이다.(19절) 탕자는 아버지의 아들이라는 권리를 가지고 아버지에게 자기의 상속분을 달라고 요구했다. 다시 말하면, 아들의 권리를 가지고 아버지의 권리를 빼앗은 것이다. 그런데 아버지 집으로 돌아가는 탕자는 아들의 권리를 완전히 포기하겠다고 다짐한다: "지금부터는 아버지의 아들이라 일컬음을 감당하지 못하겠나이다. 나를 품꾼의 하나로 보소서 하리라."(눅 15:19) 아들로서의 자신의 모든 권리를 포기하고, 자신의 결정권을 전적으로 아버지께 위임하겠다는 서약이다.

아버지 집으로 돌아가는 탕자가 마음속으로 왜 이런 다짐과 결심을 해야 했을까? 아버지의 책임 추궁에 대비하는 것이다. 아버지의 아들이라는 사실을 깨달았지만, 여전히 자기의 잘못에 대한 아버지의 책임 추궁을 두려워하고 있다. 아버지 집에 도착한 탕자는 아버지 집으로 돌아오면서 자기가 다짐하고 결심한 대로 행동했다: "아들이 이르되, 아버지 내가 하늘과 아버지께 죄를 지었사오니 지금부터는 아버지의 아들이라 일컬음을 감당하지 못하겠나이다."(눅 15:21) 탕자는 무조건적인 아버지의 사랑을 여전히 조건적인 것으로 생각하고 있다. 자기가 잘못했기 때문에, 아버지로부터 아들의 대우를 받을 자격이 없다고 생각하고 있다. 그러나 아버지는 아들에게 어떤 책임도 추궁하지 않았다. 아버지는 재산을 다 탕진하고 돌아오는 아들을 받아들이는 데 어떤 조건도 달지 않았다.

아들은 아버지의 사랑을 조건적인 것으로 생각했지만, 아들을 향한 아버지의 사랑에는 아무런 조건도 없었다. 아버지에게는 아들이 돌아왔다는 사실 그 자체만으로도 충분했다. 20절은 아들에 대한 아버지의 조건 없는 사랑을 보여준다: "이에 일어나서 아버지께로 돌아가니라. 아직도 거리가 먼데 아버지가 그를 보고 측은히 여겨 달려가 목을 안고 입을 맞추니." 탕자는 아버지가 묻지도 않을 질문을 혼자 생각하고, 고민하면서 쓸데없는 걱정을 했다. 탕자가 자기의 결정권을 포기하고 아버지께로 돌아오는 순간 깨어진 아버지와 아들의 관계는 완전히 회복되었다.

아버지가 결정권을 행사함

관계와 삶의 회복은 결정권의 위임에서 시작되었다. 자기의 결정권을 고집하고 아버지를 떠난 아들이 자기의 모든 결정권을 포기하고 아버지께로 돌아왔다. 자기의 결정권을 완전히 포기하기로 결심한 아들은 이제부터는 전적으로 아버지의 결정권에 따를 수밖에 없고, 아버지의 결정권에 의해서 대우받을 수밖에 없다.

아버지는 자기의 결정권을 완전히 포기하겠다는 아들을 어떻게 대우하고 있는가? 아버지는 아들의 요구대로 그를 결코 종으로 대우하지 않았다. 세상에서 버림을 받고 실패한 아들은 아버지의 집에서, 아버지의 품에서 다시 부자 아버지의 아들로 회복되었다. 아버지는 종들에게 이르기를 가장 좋은 옷을 가져다가 아들에게 입히고, 손에 가락지를 끼우고, 발에 신을 신기라고 명령하였다.(22절) 아버지는 아들과 종들을 분명히 구별하고 있다. 제일 좋은 옷을 입혀서 아들로서의 신분과 영광을 회복시켜 주었다. 가락지를 끼워서 아들의 권세를 회복시켜 주었다. 신발을 신겨서 아들의 능력을 회복시켜 주었다. 이 과정에서 아들은 어떤 결정권도 행사하지 않았다. 그럴 필요도 없었다. 전적으로 아버지의 결정권에 의해서 아들의 모든 것이 완전히 회복되었다.

아버지는 돌아온 아들의 지위를 회복시켜 주었을 뿐만 아니라, 아버지의 기쁨에 참여시켰다. 살진 송아지를 잡고 잔치를 열어서 함께 먹고 마시고 즐거워했다.(23-24절) 관계의 회복뿐만 아니라, 구원의 기쁨이 회복되었다. 돌아온 아들과 함께 먹고 마시고 즐거워하는 모습은 창세기 1장 31절에서 말한 '보시기에 심히 좋았더라'는 모습 그 자체이며, 달란트 비유에서 말한 주인의 즐거움에 참여하는 것이다.(마 25:21, 23)

탕자의 떠남과 타락과 회복은 아담의 불순종으로 인한 타락과 예수 그리스도를 통한 회복이라는 구원역사를 보여준다. 아버지 품에 안긴 탕자의 모습은 단순히 잘못을 뉘우치는 한 인간의 모습이 아니다. 하나님 품으로 돌아가는 우리 모두의 모습이다. 탕자의 상하고 지친 몸은 세상에서 상처받고 지친 우리 모두의 모습이다. 돌아온 아들을 용서하고 목을 안고 입을 맞추는 아버지의 사랑은 우리의 잘못을 용서하시고 받아들이시는 하나님의 사랑이다.

결정권을 하나님께 위임하라

결정권을 어떻게 행사할 것인가? 아들이 아버지와 경쟁해서 결정권을 빼앗고, 아버지의 권위와 존재를 두시하고 자기 마음대로 결정권을 행사했을 때는 어떤 결과가 나타났는가? 아버지를 떠났다. 먼 곳에서 허랑방탕하며 죄악에 깊이 물든 타락한 삶을 살았다. 궁핍하게 되자 세상에서 버림을 받고, 쫓겨나서 굶어 죽게 되었다. 이것이 아버지의 권위와 존재를 무시하고 자기 마음대로 결정권을 행사한 결과이다. 하나님과의 관계가 단절된 타락한 영성이 가져온 비참한 삶의 모습이다.

아들이 자기의 잘못을 깨닫고 결정권을 아버지께 전적으로 위임했을 때는 그의 삶이 어떻게 달라졌는가? 아버지가 그를 보고 측은히 여겨 달려가서 목을 안고 입을 맞추었다. 아들로서의 완전한 지위와 권세를 회복시켜 주었다. 아버지의 풍족함을 함께 누리며, 잔치에 참여하여 함께 기쁨을 누리게 되었다. 자신의 결정권을 포기하고 아버지께 위임하자 아들과 아버지의 관계가 회복되고, 아들의 지위가 회복되고, 삶의 기쁨이 회복되었다. 이 모든 과정에서 아들은 조건 없이 아들을 사랑하는 아버지의 결정권에 따르기만 하면 되었다. 결정권의 회복이 아름다운 관계를 가능하게 하는 영성을 회복시켰고, 영성의 회복이 아들로서의 신분과 삶의 기쁨을 회복시켰다.

영성 훈련의 목적은 아담의 불순종으로 인하여 깨어진 하나님과의 관계를 회복시켜서, 이 땅에서도 천국의 기쁨을 누리며 살아가게 하는 것이다: "항상 기뻐하라. 쉬지 말고 기도하라. 범사에 감사하라. 이것이 그리스도 예수 안에서 너희를 향하신 하나님의 뜻이니라."(살전 5:16-18)

되새김질을 위한 질문

1. 영성을 '하나님과 관계 맺는 방식'으로 정의한다면, 여기서 가장 핵심적인 문제는 무엇이라고 생각하십니까?

2. 아담의 잘못된 행동으로 말미암아 창조질서의 아름다운 관계는 깨어졌습니다. 아담이 잘못한 행동의 핵심은 무엇이라고 생각하십니까?

3. 누가복음 15장에 기록된 탕자의 비유에서, 살아 있는 아버지에게 상속을 요구하는 둘째 아들의 행동은 아버지와 아들의 관계에서 어떤 의미가 있다고 생각하십니까?

4. 아버지와의 관계에서, 탕자가 아버지로부터 재산을 받아서 자기 마음대로 행동한 결과를 두 개의 개념으로 요약하면 무엇입니까?

5. 탕자가 아버지 집으로 돌아가기로 결정한 핵심적인 계기는 무엇이라고 생각하십니까?

6. 아버지 집으로 돌아가기로 결정한 탕자는 자기 마음속으로 두 가지를 굳게 다짐하고 준비합니다. 그 이유는 무엇이라고 생각하십니까?

7. 아버지는 돌아온 아들에게 아무런 조건도 없이 지위를 회복시켜주었을 뿐만 아니라, 아버지의 기쁨에 참여시켜 주었습니다.

아버지의 모습을 통해서 드러난 하나님의 성품은 우리의 구원과 회복에 어떤 실천적인 의미가 있다고 생각하십니까?

"그러나 너는 배우고 확신한 일에 거하라."
(딤후 3 : 14)

믿음의 핵심은 각자의 삶의 영역에서 청지기적 영성을 실천하는 것이다.

청지기 영성훈련 특강 1
나의 습관이 나의 영성이다

초판 1쇄 | 2016년 6월 27일 발행
지은이 | 최재호
펴낸이 | 김용상
펴낸곳 | 주식회사 힐링
주소 | 서울시 영등포구 국회대로 76길 10. 침례총회빌딩 B101
전화 | 02-939-8868(대표)
팩스 | 02-934-8868
편집기획 | 남대니
디자인 | 한국선거연구소
마케팅 | 남예인
인쇄 | (주)금강인쇄
ⓒ 최재호, 2016
ISBN 979-11-85630-22-9 03230
홈페이지 | www.i-healing.co.kr
이 책에 실린 글과 이미지의 무단전재·복제를 금합니다.
이 책 내용의 전부 또는 일부를 재사용하려면
반드시 저자와 출판사의 동의를 받아야 합니다.
책값은 뒤표지에 있습니다.
파본은 구입처에서 교환해 드립니다.